Processus du budget participatif au Sud-Kivu

Landry AKSANTI-KANYURHI

Processus du budget participatif au Sud-Kivu

Entre pratique démocratique et slogan idéologique

L'Harmattan

5-7, rue de l'Ecole-Polytechnique, 75005 Paris

http://www.editions-harmattan.fr

ISBN : 978-2-343-13405-5
EAN : 9782343134055

« L'une des plus grandes injustices du monde contemporain consiste précisément dans le fait qu'il y a relativement peu de personnes qui possèdent beaucoup, tandis que beaucoup ne possèdent presque rien ».

Pape Jean-Paul II

À ma chère épouse Pascaline pour son soutien multiforme à la réalisation de ce livre, sous le regard parfait de nos deux petits, David et Divine.

Cet ouvrage a été réalisé dans le cadre et avec le soutien de l'Action Participative pour la Gouvernance Locale, Action PGL asbl.

PRÉFACE

L'ouvrage *Processus du Budget participatif au Sud-Kivu* est la réalisation d'un rêve d'un auteur ambitieux et soucieux de changement substantiel de mode de gouvernance locale dans son pays. Témoin des injustices sociales de tous ordres-en particulier l'inégalité criante dans l'accès aux ressources, Landry Aksanti-Kanyurhi a su développer une analyse critique cohérente du modèle de gouvernance économique proposée aux Entités territoriales décentralisées de sa Province, le Sud-Kivu.

Pour l'auteur, le mécanisme du Budget participatif qui a fait tache d'huile dans nombreux pays, villes, communes et autres entités ; a échoué au Sud-Kivu.

Deux causes majeures expliquent l'échec décrié par l'auteur : « l'absence d'une vision globale, rendant les réformes partielles ainsi que les résistances internes à l'administration congolaise[1] ».

La lecture de cet ouvrage conduira le lecteur à déceler l'inadéquation entre les discours et les pratiques, entre les lois promulguées et leur mise en œuvre, entre les attentes ardentes d'une population pauvre et la faible volonté politique des dirigeants.

Le constat de l'auteur résulte de trois questions maitresses qui traversent cette réflexion.

La première : la Province du Sud-Kivu remplissait-elle les conditions exigées pour conduire un processus du budget participatif ?

La deuxième : quels ont été les principaux obstacles à la mise en œuvre de l'outil Budget participatif au Sud-Kivu ?

---

[1] Diumasumbu Mukanaga (Raphael,) « Réforme administrative de la République démocratique du Congo : leçons et travers du passé », Afrique contemporaine, 2008/3 n°227, p.95-106.

Enfin, la troisième : quelles sont les réformes ou les recommandations nécessaires pouvant améliorer le processus ou le refaire ?

Dans une réflexion méticuleuse, l'auteur critique l'option prise par le Gouvernement de souscrire à l'initiative de la Banque Mondiale relative au Budget participatif au moment où presque tous les préalables à ce mécanisme tels que présentés par la doctrine et synthétisé par l'auteur n'étaient pas réunis. En première ligne, la volonté politique.

Au niveau national, la faible volonté politique se manifeste par « l'emprisonnement » du processus de décentralisation en dépit de son exaltation dans le discours politique. Ce qui expliquerait par voie de conséquence la non-organisation des élections locales et le maintien par l'Etat ou la Province, de beaucoup de compétences et des moyens dus aux Entités territoriales décentralisées.

Le processus du budget participatif se nourrira en outre de la quasi-absence de contrôle suivi de l'impunité chronique. Dans un tel système, quel serait le fondement de la redevabilité des dirigeants ?

Au niveau local, l'analyse porte à croire que le mécanisme Budget participatif a été imposé aux acteurs étatiques qui pourtant devaient même en être les principaux initiateurs. Les conséquences de la participation citoyenne dans un tel contexte sont nombreuses. L'ouvrage en fait de cas légions…

L'auteur ne se limite pas aux critiques. Il ouvre de nombreuses pistes de solutions. Plaise aux lecteurs, scientifiques ou acteurs opérationnels d'en tirer le meilleur profit.

La pertinence de ce livre, la puissance des arguments, l'abondance des illustrations tirées de la pratique de l'administration congolaise… constituent des reflets vivants de la qualité de l'auteur. Licencié en Droit (Bac + 5), Maitre Landry Aksanti Kanyurhi est un praticien du droit chevronné. Ce livre, que j'ai l'honneur de préfacer, s'enrichit de son expérience au sein du Conseil Régional des Organisations Non gouvernementales de Développement du Sud-Kivu d'abord comme superviseur et consultant ensuite dans le projet d'appui au processus de décentralisation et à la promotion de la bonne gouvernance dans la Province du Sud-Kivu. Cette expérience s'est poursuivie à Caritas Développement Bukavu dans le domaine de Protection des Droits humains dans les zones isolées du Sud-Kivu affectées par les conflits armés.

Pour reprendre l'expression chère à David Renders[2], je recommande ce livre « à ceux qui les pieds sur terre et la tête dans les étoiles », œuvrent pour l'avènement d'un Etat de droit en République démocratique du Congo.

Professeur Arnold Nyaluma Mulagano
Doyen de la Faculté de Droit de l'Université catholique de Bukavu,
Avocat.

---

[2] Renders (David), *Droit administratif*, 2ème édition, Bruxelles, Brulant, 2017.

ACRONYMES

ACP : Agence Congolaise de la Presse
ANR : Agence Nationale de Renseignement.
BM : Banque Mondiale.
BP : Budget participatif
CGLUA : Cités et Gouvernements Locaux Unis d'Afrique
CLCAP : Cellule Locale de Contrôle Citoyen de l'Action Publique.
CRONGD : Conseil Régional des Organisations Non Gouvernementales de Développement du Sud-Kivu.
CTD : Cellule Technique d'Appui à la Décentralisation.
DAI : Development Alternatives Incorporated
ELLA : Evidence and lessons from Latin America
ENDA TM : ENDA Tiers Monde
EP : Ecole Primaire
ETD : Entités territoriales décentralisées
FAF : Femme au Phone
FARDC : Forces Armées de la République Démocratique du Congo
FC : Franc congolais
ICT : Information and communication Technology
IfdP : Innovation et formation pour le développement et la Paix
INDH : l'Initiative nationale pour le développement humain
IRC : International Rescue Committee
MONUSCO : Mission de l'Organisation de Nations Unies au Congo.
OD : Ordonnateur Délégué
PIL : Promotion des Initiatives Locales.
PNC : Police Nationale Congolaise
PRCG : Programme de Renforcement des Capacités en Gouvernance

PRC-GAP : Projet de renforcement des capacités de gestion des fonctions de base de l'Administration publique
RDC : République Démocratique du Congo
SMS : Short Message System.

INTRODUCTION

Depuis vingt-cinq ans environ, des pays du monde expérimentent un système de gestion des finances publiques, « un processus au cours duquel la population et l'ensemble des acteurs peuvent discuter et décider du budget et des politiques publiques de leur collectivité et en assurer le suivi et contrôle. Il s'agit du budget participatif[3] ».

Le Budget Participatif[4] constitue un cadre de participation de la société civile, mieux, de toutes les couches de la population de l'entité en vue de définir la politique budgétaire, les règles du jeu, la participation, le suivi et la surveillance des recettes et des dépenses.

Le BP est comme la médecine qui exige au médecin de requérir l'anamnèse du malade avant tout autre diagnostic. En effet, personne ne ressent la souffrance du malade mieux que lui-même. D'où il lui appartient d'expliquer au médecin le mal dont il souffre. Et le médecin a l'obligation de soigner son patient en tenant compte d'abord du récit de sa maladie, ensuite des résultats de différents examens prescrits. Au-delà de cette conception, le BP permet aux habitants des Entités décentralisées, non seulement d'identifier leurs besoins mais aussi de suivre et s'impliquer dans tout le processus de leur satisfaction.

Ainsi, dans son approche opérationnelle, « le Budget Participatif est un outil: un mécanisme ou un processus de planification, d'élaboration et de gestion budgétaire centré

[3] Enda, « Développement durable : où en sommes-nous ? », Rapport annuel 2012. Disponible sur http://endatiersmonde.org, consulté le 9 juillet 2014.

[4] Dans la suite du travail, l'abréviation BP désigne « budget participatif ».

sur la participation et la satisfaction des citoyens[5] ». Les mécanismes du BP seraient une réponse au déficit de transparence et de redevabilité constaté dans l'action politique des élus et des dirigeants en général.

Avant l'avènement de ce type de gestion, le budget public était l'affaire des organes exécutifs et délibérants, sans obligation de recourir aux avis formulés par les acteurs non institutionnels, moins encore d'accepter le suivi, l'audit ou le contrôle de l'exécution du budget par la Société civile. Ainsi, tout le processus budgétaire à savoir la formulation, l'adoption, l'exécution, l'audit et l'évaluation du budget demeurait l'apanage des pouvoirs administratifs et politiques institutionnels.

Or, la participation citoyenne à la gestion de la chose publique est l'un des piliers de la démocratie. Tout État du monde qui a opté pour le système démocratique est censé faciliter l'accès des dirigés à l'information relative à la gestion de la cité et répondre aux demandes sociales. Selon Uribatan de Souza « le Budget Participatif est un processus de démocratie directe, volontaire et universelle associant les populations à la discussion, à la décision, à la gestion et au suivi des budgets et des politiques publiques[6] ».

En définitive, nous disons qu'il y a Budget participatif, lorsque le dirigeant demande, de bonne foi, à la population, de participer activement et de manière professionnelle, directement ou à travers ses représentants réels institutionnels et non-institutionnels, à toutes les opérations budgétaires à savoir la désignation des

---

[5] Uribatan de Souza, cité par Dumas Nguebou (Jules), *Cours de base fiscale du budget participatif, finances publiques et mobilisation sociale. Module 4: le budget Participatif*, Université de Yaoundé 2, Centre de gouvernance participative, p. 4.

[6] *Ibid.*

priorités, le suivi et l'évaluation de l'exécution jusqu'à la satisfaction.

Dans ce souci de promouvoir le « développement à la base par la base » (notre expression), le Brésil a été le premier État au monde à intégrer le BP dans sa politique de gouvernance locale. En effet, le budget participatif a été introduit pour la première fois dans certaines villes brésiliennes et particulièrement à Porto Alegre en 1989[7]. Le BP a donc été expérimenté et s'est consolidé au Brésil entre 1997 et 2000 avant de s'étendre à d'autres pays tels que l'Argentine, l'Uruguay, le Paraguay, le Chili, le Mexique, l'Espagne, l'Italie, l'Allemagne, le Cameroun, le Sri Lanka[8]. Globalement, les expériences en matière de budget participatif des pays ci-haut indiquées ont été satisfaisantes.

C'est pourquoi l'ONU a primé la municipalité initiatrice du BP, Porto Alegre, sur sa liste des « 40 innovations urbaines les plus notables dans le monde[9] ». La Banque mondiale, de son côté, a qualifié l'initiative de la ville brésilienne en rapport avec le BP, de « mode de gouvernance exemplaire[10] ». Dès lors, le BP s'est répandu dans le monde entier, de sorte que l'on compte de nos jours près de 2000 municipalités qui l'appliquent. Soit 150 en Europe, près d'une centaine en Afrique, une dizaine en Asie et le reste en Amérique Latine[11].

---

[7] Frères des hommes : *Les Budgets Participatifs, dossier thématique trimestriel*, juin 2006 p. 15.

[8] Un-Habitat, cité par Mbera Rukamirwa (Emmy) ; *Etude de faisabilité du Budget participatif dans la province du Sud-Kivu,* Université d'Auvergne, Institut de la Banque Mondiale, Gouvernance et Innovation, Octobre 2009. p. 5

[9] Dumas Nguebou (Jules), *op.cit* ; p.5 et 14.

[10] Rabouin, 2006, cité par Dumas Nguebou (Jules), *op.cit* ; p. 14.

[11] Dumas Nguebou (Jules) *op.cit* ; p.5 et 14.

La République démocratique du Congo expérimente à son tour le budget participatif depuis l'exercice budgétaire 2012, sous l'initiative et le financement de l'Institut de la Banque mondiale à travers le Programme de Renforcement des Capacités en Gouvernance, PRCG. Parmi les objectifs et mission de ce programme le Coordonnateur du PRCG a cité l'appui au processus de décentralisation et plus particulièrement en ce qui concerne les réformes de la gestion des finances publiques et les réformes de la gestion de l'administration publique[12].

Le Sud-Kivu a été choisi comme province pilote. A cette époque, bien qu'ayant une société civile plus ou moins dynamique, la Province du Sud-Kivu, y compris les Entités territoriales décentralisées, est très mal gérée. Cette mal gouvernance est caractérisée par : la faible application de la loi ; la politisation et la faiblesse de l'Administration ; le clientélisme ; la corruption ; la démotivation de la population à payer les taxes[13]. A cette liste des maux s'ajoute le manque de transparence et de redevabilité même des élus vis-à-vis de la population. Ceci favorise la quasi-absence de contrôle sur les finances des

---

[12] Discours du Coordonnateur du Programme de Renforcement des Capacités en Gouvernance, PRCG au cours de l'atelier de formation sur les finances publiques locales et le budget participatif. Atelier organisé par le Programme de Renforcement de Capacités en Gouvernance, en partenariat avec l'Institut de la Banque Mondiale, au grand séminaire de Murhesa, du 25 au 29 avril 2011. Disponible en vidéo sur http://lesbudgetsparticipatifs.fr/au-sud-kivu-le-sms-comme-bulletin-de-vote-au-budget-participatif/. Consulté le 16 juin 2016.

[13] Nous ne disons pas « incivisme fiscal » car cela supposerait la résistance des contribuables de payer les taxes et impôts dans un contexte de bonne gestion de ressources. Or c'est la mauvaise gestion qui crée dans la population un sentiment de révolte et de découragement.

exécutifs provinciaux et ceux des Entités territoriales décentralisées.

La quasi-absence de contrôle est exacerbée par la *disparition* de la pratique de reddition de comptes par l'Assemblée provinciale et l'absence de l'organe délibérant dans les ETD.À l'origine, la non-organisation des élections urbaines, municipales et locales attendues depuis 2006.D'où la malversation financière dans la gestion des taxes et impôts et d'autres recettes dont la rétrocession du Gouvernement aux Entités territoriales décentralisées. Cette mauvaise gestion est en plus caractérisée par des budgets publics antisociaux dont « la part du lion revient toujours aux institutions politiques provinciales à savoir le Gouvernement provincial et l'Assemblée provinciale[14] ».

En ce temps-là, les ETD ont, pour la plupart à leurs têtes des dirigeants non-élus, qui gèrent les Entités presque comme leurs biens privés ; sans professionnalisme et sans aucune idée de rendre compte aux administrés, dans un contexte où la population ignore ses droits et obligations vis-à-vis de l'Administration locale. Des ressources humaines démotivées à cause de plusieurs mois de salaire impayés pour certaines, des primes de misère pour d'autres. Plusieurs ETD[15] chefferies sont déchirées par des conflits successoraux acerbes provoquant un dysfonctionnement continu de l'appareil politique et administratif.

En RDC, les Entités territoriales décentralisées, ETD, sont la ville, la commune, la chefferie et le secteur. Ces

---

[14] Lire Radjabu (Abias), « Où va le gros du budget de la Province du Sud-Kivu ? », in Conseil Régional des ONGD du Sud-Kivu, Bulletin de liaison, Edition n°58, Seizième année, Bukavu, CRONGD Sud-Kivu, Janvier-Décembre 2014, p. 2-5.

[15] ETD : Entité territoriale décentralisée. De fois, *Entité* est aussi utilisé pour ETD.

entités et les provinces sont dotées chacune de la personnalité juridique et sont gérées par les organes locaux. Elles jouissent de la libre administration et de l'autonomie de gestion de leurs ressources économiques, humaines, financières et techniques[16]. Si la ville et la commune constituent des notions connues partout dans le monde, ce n'est pas le cas pour la chefferie et le secteur.

Le secteur est un ensemble généralement hétérogène de communautés traditionnelles indépendantes, organisées sur base de la coutume. Il a à sa tête un chef élu et investi par les pouvoirs publics[17]. La chefferie elle, est un ensemble généralement homogène de communautés traditionnelles organisées sur base de la coutume et ayant à sa tête un chef désigné par la coutume, reconnu et investi par les pouvoirs publics[18].

En effet, la succession d'un chef de chefferie est totalement réglée par la coutume. Le pouvoir se transmet du père au fils. C'est ce genre d'ETD qui domine au Sud-Kivu. C'est ainsi que la province du Sud-Kivu est constituée de la ville de Bukavu, de 3 communes : Ibanda, Kadutu et Bagira ; de 4 secteurs : Tanganyika, Mutambala, Nganja, Lulenge et Itombwe ; et 18 chefferies : Kabare, Ninja, Buhavu, Buloho, Ngweshe, Kaziba, Ntambuka, Rubenga, Bakisi, Wakabango 1er, Luhwinja, Burhinyi, Lwindi, Basile, Wamuzimu, Bavira, Bafuliru et Plaine de

---

[16] Article 3 de la Constitution du 18 Février 2006.

[17] Article 66 de la loi organique n°08/016 du 07 Octobre 2008 portant composition, organisation et fonctionnement des Entités territoriales décentralisées et leurs rapports avec l'Etat et les Provinces. In République Démocratique du Congo, Ministère de la Décentralisation et Aménagement du Territoire, Cellule Technique d'Appui à la Décentralisation « CTD », *Recueil des textes légaux et règlementaires sur la décentralisation en République Démocratique du Congo*, Vol. I, Kinshasa, juillet 2008, p. 153.

[18] Article 67 de la loi susvisée, *ibid.*

la Ruzizi. Nos recherches ont porté sur ces ETD hormis les secteurs de Lulenge et Itombwe où nous n'avons jamais été.

En vue de l'application du BP, sur les vingt-sept Entités territoriales décentralisées ci-haut citées, huit ETD ont été sélectionnées à titre d'expérimentation. Il s'agit des communes de Bagira, Kadutu, Ibanda ; et des chefferies de Kabare, Ngweshe, Luhwinja, Wamuzimu et Bafuliru. A partir de l'exercice budgétaire 2013, par l'arrêté provincial n° 12/031/GP/SK du 5 octobre/2 012 portant institution du budget participatif dans les Entités territoriales décentralisées de la province du Sud-Kivu, la Province a rendu obligatoire le budget participatif dans toutes les 27 Entités territoriales décentralisées de la Province du Sud-Kivu, lesdites Entités pilotes y comprises.

Nous considérons cependant que cette obligation au BP a été renforcée par l'arrêté susvisé mais remonte à la circulaire n° 02/Miniplan&Budget/2011 du 4 avril 2 011 portant Instructions relatives à l'élaboration des Prévisions budgétaires des Entités territoriales décentralisées de la Province du Sud-Kivu, pour l'exercice 2012. Elle dispose : « les prévisions budgétaires des ETD seront élaborées en référence aux principes édictés par le budget participatif qui exigent que la base soit associée à l'élaboration des prévisions budgétaires ».Le budget participatif, bien que ne devant pas être considéré comme une panacée, apparaît cependant comme une solution éventuelle à la mal gouvernance, surtout au sein des ETD.

Ainsi, au Sud-Kivu, « les objectifs du Budget participatif sont : Faciliter la participation des habitants et les acteurs de la Société civile à la gestion et au développement de leurs Entités territoriales décentralisées ; améliorer la transparence dans les affaires budgétaires ; diffuser les informations sur les activités réalisées par l'Entité territoriale décentralisée ; Améliorer le suivi et la qualité des services rendus à la population par l'ensemble des acteurs de développement de l'Entités territoriale décentralisée ; améliorer la gouvernance locale ; permettre le contrôle citoyen de l'action publique[19] ».S'il arrivait que la plupart des acteurs comprennent le bien fondé du BP, qu'ils mettent résolument en œuvre les moyens conséquents en vue de réaliser les objectifs ci-haut cités, alors la gouvernance locale ne serait qu'une réalité vivante.

De 2012 à 2015, voire 2016, quelques investissements liés au BP dans les communes d'Ibanda, Kadutu et dans les chefferies de Kabare, Luhwinja, Kaziba et Rubenga, en termes de réhabilitations des infrastructures scolaires, administratives ; constructions des petits ponts, des escaliers, ont été réalisés ; choses qui n'ont pas été faites avant l'introduction des principes du BP dans la gestion des Entités susmentionnées. Ainsi a-t-on constaté une certaine augmentation du budget alloué aux investissements. Mais globalement, le processus du BP nous a paru comme une action visant à coudre un tissu neuf avec un gros tissu usé. En effet, au début du processus, il nous semble que les futurs gestionnaires et contrôleurs des budgets participatifs étaient d'office caractérisés par une faible volonté politique dont les manifestations seraient notamment l'origine extérieure du BP, l'illégitimité des institutions locales, les conflits acerbes de succession au pouvoir dans certaines chefferies…

[19] L'arrêté provincial n°12/031/GP/SK du 05 /10/2012 portant institution du budget participatif dans les Entités territoriales décentralisées de la province du Sud-Kivu. Cet arrêté provincial a été publié au *Bulletin officiel de la Province du Sud-Kivu*, Vol. I, 1ère année, Bukavu, 29 novembre 2013.

Or, la volonté politique est le préalable moteur d'un processus du Budget participatif. Sa quasi-absence aurait été à la base des attitudes et actes contraires aux principes du budget participatif à savoir : non-respect du calendrier du BP et des règles de jeu en général ; non formation de la population et des animateurs du Budget participatif; faiblesse des mécanismes de mobilisation populaire ; participation de la population à l'identification des priorités et non au suivi de l'exécution et à l'évaluation ; participation insignifiante de la femme et d'autres groupes sociaux marginalisés ; quasi-absence de mécanismes de redevabilité et de transparence ; faible qualité des investissements ; défaillance de la Province dans le suivi, contrôle et évaluation du Processus...

Dans cet environnement, le contrôle citoyen lié au budget participatif ne connaitrait que des handicaps majeurs bien qu'il soit consacré expressis verbis pour la première fois dans un texte juridique[20]. La Société civile, confrontée à l'insuffisance, voire au manque d'informations sur le BP et à la mauvaise volonté politique des autorités, sa participation s'est limitée à l'identification des priorités. Et dans les rares Entités où l'on a mis en place une commission de suivi des finances constituée majoritairement de la Société civile, cette instance du budget participatif a fini par l'irrégularité des réunions, le manque de transparence des gestionnaires des finances dans les ETD ; le conflit âpre entre les animateurs des ETD et les présidents de la Société civile.

Ainsi, de deux principes fondamentaux du BP à savoir la participation et la transparence, il nous semble que seule la participation ait été abordée et que la transparence ait

[20]Article 4 de l'arrêté provincial n°12/031/GP/SK du 05 /10/2012 portant institution du budget participatif dans les Entités territoriales décentralisées de la province du Sud-Kivu.

échoué. Or, c'est cette dernière qui assurerait l'exécution des investissements prévus. Dans un contexte où la Société civile n'est pas impliquée dans le suivi des dépenses publiques, le BP ressemblerait à une mascarade, une suite de bonnes intentions. Des beaux programmes peuvent ainsi être planifiés et si elles ne sont pas exécutées, c'est un coup d'épée dans l'eau. Charles De Gaule avait dit : « ce qui est écrit, ne fût-ce sur un parchemin, ne vaut que par l'application[21]».

Le BP ne se limite pas à la simple participation de la population en termes de proposition des investissements. Comme le souligne Yves Sintomer, professeur en sciences politiques à l'université Paris 8, « ce processus est décisionnel et non simplement consultatif. En clair, la municipalité s'engage à suivre la décision des citoyens [22] ». Encore que la décision citoyenne porte sur tout le processus. Il serait une distraction pour une société civile d'être satisfaite de prévisions budgétaires qui traduisent sa volonté et laisser à l'Exécutif la suite du processus...

Effectivement, la Société civile nous a paru peu active face au processus du budget participatif en termes de revendication. En effet, aucune demande de la Société civile tendant à obtenir le rejet par la commission budgétaire provinciale d'un projet de budget de l'ETD qui n'émanerait pas de la population n'a été formulée. De même, aucun réseau des acteurs du Budget participatif n'a été constitué au Sud-Kivu. Donc, le dynamisme provincial susceptible de capitaliser quelques efforts enregistrés au

---

[21] De Gaulle (Charles), cité par La Communauté Française de Belgique, *Droits humains fondamentaux*, *Recueil des documents internationaux et nationaux,* Bruxelles, 1993. p. 193.

[22] Sintomer (Yves), « Budget participatif à Paris : et ailleurs, ça marche comment ?», http://www.terraeco.net/Budget-participatif-a-Paris-et,55798.html, consulté le 4 septembre 2014.

sein des ETD et de réfléchir sur des propositions à même de combler les lacunes observées, a fait défaut.

Cette étude analyse le processus du budget participatif au Sud-Kivu sur la période de 2011 à nos jours. Il concerne tout d'abord la mise en question de la réalisation des conditions du BP qui nous permet d'évaluer l'opportunité de l'initiative du BP au Sud-Kivu. Ensuite, l'analyse s'étend sur l'évolution du Processus en y relevant les forces et les faiblesses en vue de répondre à la question de la poursuite ou non du Processus. Enfin, elle formule des recommandations à chaque étape en vue d'améliorer ou de reprendre le mécanisme du BP au Sud-Kivu.

Pour y arriver, ce travail est reparti en trois chapitres.

Le premier chapitre traite des préalables du Budget participatif. Il dégage d'abord notre propre compréhension de l'expression *préalable du Budget participatif.* Ensuite, de six préalables proposés par la Doctrine, ce chapitre retient deux principaux à savoir la volonté politique et la présence et l'intérêt des organisations de la Société civile et ; mieux encore, de l'ensemble de la population. Il s'intéresse enfin à l'interaction entre ces deux préalables du BP.

Le deuxième chapitre s'intitule *la mise en œuvre du mécanisme du Budget participatif.* Ici, nous analysons le cadre juridique qui s'est avéré insuffisant car aucune loi, aucun édit, aucun texte juridique au niveau local ne se rapporte au BP. Seul un arrêté provincial a été promulgué. Ce même chapitre indique que la participation de la population au Processus a été faible à cause du non-respect du calendrier du BP, de la non-formation de la population au mécanisme et de la faible mobilisation populaire. Enfin, nous y identifions quelques investissements qui ont été réalisés. Ils ont cependant été caractérisés par l'inexistence de plans locaux de développement pour la plupart des ETD, la controverse sur le pourcentage du budget alloué aux investissements, le manque d'orientation des richesses vers les communautés ou les personnes les plus pauvres de l'Entité et la quasi-absence d'impact du mécanisme du BP sur la gestion des impôts et taxes.

Enfin, le troisième chapitre, *le contrôle, suivi et évaluation du Processus.* Il traite du contrôle par les pouvoirs publics, presque inexistants et du contrôle citoyen étouffé par les pouvoirs publics. À propos du suivi et évaluation du Processus, certains acteurs étatiques et certains partenaires du BP ont manifesté leur satisfaction face à ce processus qui pourtant n'était qu'à la phase embryonnaire.

À travers l'analyse qui précède, nous espérons avoir joint nos efforts à ceux de l'Institut de la Banque Mondiale à travers ses deux études à savoir l'évaluation ex-ante de 2009[23] et l'évaluation mi-parcours en 2011[24].

Ce travail est le fruit de notre expérience de terrain de cinq ans acquise au sein du Conseil Régional des Organisations Non Gouvernementales de Développement du Sud-Kivu, CRONGD Sud-Kivu, sur les thématiques Budget participatif, Décentralisation et gouvernance locale. D'où, nous avons été enrichis de nombreuses tribunes d'expression populaire et des activités des Cellules Locales de Contrôle Citoyen de l'Action

---

[23] Lire Mbera Rukamirwa (Emmy), *Etude de faisabilité du Budget participatif dans la province du Sud-Kivu,* Université d'Auvergne, Institut de la Banque Mondiale, Gouvernance et Innovation, octobre 2009.

[24] Lire World Bank Institute, *ICT in Governance – Where are the results? How can we move to more rigorous evaluations in this field? A discussion on the example of ICT-mediated Participatory Budgeting in the DR Congo* (Arch. Giovanni Allegretti, Center for Social studies-University of Coimbra).

Publique[25]. Cette œuvre s'est en outre nourrie de la recherche documentaire et des visites privées dans certains lieux d'exécution des investissements réputés du BP. Bien que nous soyons en présence des faits divers : juridiques, politiques, économiques, sociaux... Notre analyse est cependant celui d'un juriste.

Que tous nos lecteurs trouvent en cet ouvrage notre modeste contribution à la mise en œuvre orientée vers l'amélioration ou la reprise du processus du Budget participatif dans la Province du Sud-Kivu, en RDC et dans le monde.

---

[25] Les Cellules Locales de Contrôle Citoyen de l'Action Publique sont des structures des citoyens ordinaires, des acteurs non institutionnels, qui n'exercent pas le pouvoir et qui ont pour rôle d'obliger les détenteurs du pouvoir à rendre compte de leurs actions auprès des gouvernés et à assumer leurs responsabilités. Ces CLCAP ont été créées en 2010 dans 20 ETD par le CRONGD Sud-Kivu et ses organisations membres, sous notre accompagnement.

Chapitre I. DES PRÉALABLES AU BUDGET PARTICIPATIF

L'expérience accumulée sur les deux dernières décennies, non seulement en Afrique mais aussi sur le plan international montre que la réussite sur la durée d'une expérience de budget participatif dépend de certains préalables[26] :

1. Le premier de ces préalables est une volonté politique claire du Maire et des autres décideurs [...]
2. Le deuxième est la présence et l'intérêt d'organisations de la société civile et, mieux encore, de l'ensemble de la population [...]
3. Le troisième est une définition claire et consensuelle des règles du jeu [...]
4. Le quatrième préalable est la volonté de renforcer les capacités de la population et des responsables municipaux en matière d'exécution du budget public en général, et du budget participatif en particulier [...]
5. La cinquième condition est une large diffusion des informations grâce à tous les moyens possibles [...]
6. Enfin, le sixième préalable est la hiérarchisation des besoins établie par la population sur la base de critères techniques [...].

Face à cette énumération fournie par l'organisation Cités et Gouvernements Locaux Unis d'Afrique, deux questions se posent : les éléments qui précèdent sont-ils réellement des préalables, des conditions que doit remplir une entité donnée pour être éligible au mécanisme du

---

[26]CGLUA, « Programme Budget participatif de CGLUA, Appel à manifestation d'intérêt ; disponible sur le site. http://www.africites.org/sites/default/files/misc/africites/2_pm_03_budget_participatif_-_ami.pdf, consulté le 09 juillet 2014. Lire aussi Un-Habitat, *72 Questions courantes sur le budget participatif, Campagne mondiale sur la Gouvernance urbaine*. p.30-31.

Budget participatif ? Ou alors sont-ils les premières caractéristiques d'un processus du budget participatif quelques jours après le lancement de sa mise en œuvre ?

Nous, nous entendons ici par préalables, des prédispositions d'une entité donnée de s'adapter au mécanisme du BP. Il s'agit des éléments qui existent avant le début du Processus et qui sont susceptibles de déterminer son éligibilité au BP. À l'exception du premier et du deuxième préalable, il nous paraît que les quatre autres soient parties intégrantes du Budget participatif. Dans ces circonstances, il nous serait inconfortable de les analyser dans notre premier chapitre. Il sied de les réserver au deuxième chapitre ; les étudier non pas en tant que préalables au BP mais comme les premiers indicateurs d'un processus du BP déjà entamé.

Mais si l'on tient à ce que ces éléments soient érigés en préalables au BP, il est utile de les reformuler de la manière suivante : Le troisième est la culture de respect des textes ; le quatrième est la volonté de renforcer les capacités de la population et des responsables municipaux en matière d'exécution du budget public en général, et du budget participatif en particulier (non modifié) ; le cinquième préalable est l'existence des divers moyens de communication accessibles ; enfin, le sixième est la possibilité de hiérarchiser, sur la base de critères techniques, les besoins établis par la population. Ces éléments doivent être analysés dans leurs différentes manifestations ou mises en œuvre au cours de la période qui précède la décision éventuelle d'intégrer l'outil Budget participatif dans la gestion de l'entité.

Mais dans tous les cas, il nous semble peu utile de garder tous les six éléments comme préalables au BP. En effet, il en existe certains qui sont plus importants que d'autres. Déjà, la réflexion de l'Onu-Habitat et Enda Tm a évolué dans ce sens. Ces deux organisations considèrent que parmi les préalables au BP on compte des conditions essentielles (celles ci-haut cotées de1 à 4) et celles qui ne sont que facultatives, entendues la cinquième et la sixième[27].

Quant à nous, nous retenons deux principaux préalables (le premier et le deuxième) à savoir la volonté politique claire du Maire et des autres décideurs ; la présence et l'intérêt d'organisations de la société civile et de l'ensemble de la population. Nous pensons que si, d'une part, les responsables étatiques ou autorités locales (voire nationales et provinciales) ont réellement de la volonté politique d'agir pour l'intérêt de la communauté ; d'autre part, s'il existe une Société civile consciente, constructive, mobilisatrice de la population et agissante ; l'interaction entre les deux niveaux de responsabilités (acteurs étatiques et acteurs non-étatiques) rendrait facile la réalisation des autres conditions à savoir la formation et le renforcement des capacités des acteurs au BP et le respect des règles conventionnelles et non conventionnelles. De deux préalables retenus, remarquons que la volonté politique est la locomotive du processus du BP. Son absence ou sa faiblesse motiverait à coup sûr les initiateurs du BP à s'abstenir de l'introduire dans un tel système.

Dans ce chapitre, nous analysons d'abord la faible volonté politique des acteurs étatiques ayant la responsabilité d'exécuter ou de contrôler l'exécution du BP. Cette analyse relève trois facteurs de la faible volonté politique liée notamment à l'origine du Budget participatif au Sud-Kivu en République Démocratique du Congo, à la gestion des ETD par des autorités nommées ou dotées de pouvoir héréditaire et aux conflits acerbes de succession

[27] Onu-Habitat, Enda Tm, *Manuel du Budget Participatif en Afrique Francophone*. Vol I, *Concepts et Principes*. P.12 et 60.

au pouvoir dans certaines chefferies. Nous étudions ensuite le second préalable qui est la présence et l'intérêt des organisations de la Société civile… Enfin, nous nous intéressons à l'interaction entre le premier et le second préalable.

I. Du principe, « démocratiser radicalement la démocratie » face à la faible volonté politique des acteurs étatiques

Premier préalable et le plus important pour tout début de processus du BP, la volonté politique constitue la « colonne vertébrale » de la participation et de la transparence. La taille de cette volonté politique se mesurerait à l'expression « démocratiser radicalement la démocratie[28] ». Il s'agit d'une volonté politique claire et non limitée aux discours ou aux signatures des accords, ni même à la promulgation des lois.

Cet état d'esprit révolutionnaire doit être incarné par les acteurs étatiques, candidats à l'expérience du budget participatif. Car, l'initiative du Budget participatif provient en principe du secteur public quoiqu'elle puisse être le résultat de nombreuses revendications de la Société civile. Il est question tout d'abord de la volonté politique du responsable de l'Entité, « le numéro 1 » et de son équipe dirigeante ensuite. Cela supposerait l'existence des ressources humaines non seulement formées mais aussi éprises du vouloir bien faire et au plein profit des

[28] Expression employée par Dumas Nguebou (Jules), comme étant l'un des enjeux du Budget participatif. In Dumas Nguebou (Jules), *Cours de base fiscale du budget participatif, finances publiques et mobilisation sociale. Module 4: le budget Participatif*, Université de Yaoundé 2, Centre de gouvernance participative, p. 15. Pour nous, cette expression signifie « mieux que la démocratie ou au de-là de la démocratie ».

bénéficiaires. Des dirigeants prêts, sans équivoque ni hypocrisie à céder une partie de leurs pouvoirs décisionnels aux citoyens. Il s'agit d'un engagement irréversible de l'autorité politique et administrative de faire la volonté de la population.

En RDC, le BP devrait produire un changement radical du politique, un bouleversement profond dans la considération de la société civile, qui serait désormais non seulement un partenaire mais un décideur, co-décideur face à l'acteur étatique. Et cette intention doit être une initiative de l'autorité publique éprise de souci d'impulser la bonne gouvernance dans la gestion de la chose publique. Qu'advient-il si le mécanisme du Budget participatif est une initiative d'une personne internationale telle que la Banque mondiale ?

A. Origine du budget participatif au Sud-Kivu en République Démocratique du Congo

En République Démocratique du Congo, le Budget participatif n'est pas une émanation des autorités congolaises mais une exigence de la Banque mondiale qui demande souvent aux pays donataires d'opérer des réformes qui aboutissent à la transparence, l'efficacité et l'efficience dans la gestion. Cette émanation extérieure dans l'initiative, l'expertise et le financement du BP n'est-elle pas de nature à empêcher ou à amoindrir *l'appropriation* du processus par certains acteurs ? Le BP n'a pas été l'aboutissement d'une nécessité des dirigeants congolais de promouvoir la redevabilité à la base.

La doctrine soutient que le Budget participatif est pour la plupart des cas de l'initiative des partis politiques. Au Brésil par exemple, c'est le parti ouvrier (PO) qui a initié le budget participatif en tant que « facteur de justice sociale (afin de redistribuer les ressources publiques à ceux qui en ont été privés), la justice fiscale et surtout la justice politique (en donnant des voix à ceux qui n'en avaient pas). Ces partis ont pour caractéristique commune la promotion de la démocratie participative dans un cadre juridique précis[29] ».

Par contre, en RDC, le BP n'a pas été introduit par les partis politiques qui l'auraient non seulement inscrit dans leurs projets de société mais aussi, une fois au pouvoir, l'aurait traduit en actes réels de bonne gestion de la res publica. On s'attendrait à ce que le Parti du Peuple pour la Reconstruction et la Démocratie, PPRD, parti au pouvoir ; ou la Majorité présidentielle, ait placé le budget participatif au frontispice de sa politique de gestion dans les provinces et les ETD. Ce n'a pas été le cas. Et cette situation aurait eu un impact négatif sur le processus en occurrence la faible appropriation par des acteurs étatiques. Encore que la plupart des autorités politico-administratives qui devaient gérer les Budgets participatifs sont illégitimes.

B. Budget participatif à gérer par des autorités nommées ou dotées de pouvoir héréditaire

À l'absence d'une majorité d'autorités légitimes, le Budget participatif a été introduit dans un contexte de gestion du pouvoir local par des animateurs nommés d'une part ; et d'autre part, par des chefs coutumiers dont le pouvoir relève de la coutume. Et pourtant la législation congolaise, depuis 2008 accorde deux organes à chaque Entité décentralisée. Et donc si les élections locales avaient été organisées, la ville fonctionnerait avec le conseil urbain et le collège exécutif urbain. La commune avec le conseil communal et le collège exécutif

[29] Un-Habitat, *op.cit.* p.86.

communal. Le secteur avec le conseil de secteur et le collège exécutif de secteur. Enfin la chefferie fonctionnerait avec le conseil de chefferie et le collège exécutif de la chefferie[30].

Mais depuis le début du processus du BP, les 27 ETD sont dirigées non seulement par des acteurs étatiques tous nommés mais aussi, 18 d'entre elles ont à leurs têtes des autorités coutumières, *les Bami* ou chefs de chefferies. « Au regard de la loi, le Chef de Chefferie, dans son Entité, paraît avoir le rang d'un Chef d'État dans le pays à l'exception du mode d'expiration du mandat. En effet, le chef de chefferie ne peut jamais s'expliquer devant le conseil de chefferie sur sa gestion. Tous les animateurs des collèges exécutifs peuvent perdre leurs mandats par motion de censure ou de défiance, le chef de chefferie excepté. Sa désignation et la fin de son mandat relèvent de la coutume. Il ne peut subir que des sanctions pénales. Le chef de chefferie paraît régner mais ne gouverne pas. Pourtant, aux termes de la même loi sur les Entités décentralisées, le chef de chefferie est l'autorité de la Chefferie. Il est le Chef du collège exécutif de la Chefferie. Toutes les décisions qu'il prend sont contresignées par le 1er Échevin qui seul engage sa responsabilité devant le Conseil de Chefferie. On comprend que les problèmes que nous trouvons aujourd'hui dans les chefferies ne sont pas éphémères : l'absence répétée de beaucoup de chefs dans leurs juridictions, le jeune âge de certains d'entre eux, les successions conflictuelles dans lesquelles l'État n'a pas assez d'influence… Ces problèmes ne sont pas à négliger.

---

[30] Articles 7, 47, 69 de la loi organique n° 08/016 du 07 octobre 2008 portant composition, organisation et fonctionnement des Entités territoriales décentralisées et leurs rapports avec l'Etat et les Provinces.

Les élections locales et la loi portant statut du chef coutumier vont-elles relever le défi ?[31] ».

La loi précitée, tant attendue, a enfin été promulguée. Elle n'a pas pour autant levé notre inquiétude. Au contraire, « elle vise notamment à : [...] réserver aux seules structures reconnues par la coutume le droit et le pouvoir de désigner le chef coutumier [32] » et accorde aux chefs coutumiers des privilèges de juridictions[33].

Le budget participatif étant fondé sur les principes de participation citoyenne et de redevabilité, quel soutien au Processus attendrait-on de cette catégorie d'acteurs ? Selon certaines opinions, les Animateurs des ETD n'ont pas de compte à rendre à la population vu qu'ils n'ont pas été élus. Erreur. En effet, le Président de la République et d'autres autorités qui nomment et/ou exercent un contrôle sur ces Animateurs ont le mandat électoral du peuple. En nommant les autorités locales, ils leur transmettent une partie de la souveraineté qu'ils détiennent du peuple.

Cependant, en RDC et au Sud-Kivu en particulier, cette théorie connaît deux limites.

La première est la présence dans les institutions de la République, des autorités qui ne sont ni élues par le peuple, ni nommées par le pouvoir public : les chefs des chefferies ci-haut cités. Quid de leur redevabilité ? Elle dépendrait alors du bon vouloir du chef. Ce qui est

---

[31] Aksanti (Landry), « Regard sur l'évolution du processus de décentralisation au Sud-Kivu ». In CRONGD Sud-Kivu, Bulletin de liaison, édition n°57, Bukavu, CRONGD Sud-Kivu, janvier-décembre 2013. P.16 à 17. Ici, l'auteur a commenté les articles 7, 47, 69, 79, 82, 83, 86 ; de la loi organique n° 08/016 du 07 octobre 2008 portant composition, organisation et fonctionnement des Entités territoriales décentralisées et leurs rapports avec l'Etat et les Provinces.

[32] Exposés de motifs de la loi fixant le statut des chefs coutumiers, août 2015.

[33] Article 28 de cette loi.

absurde et antidémocratique. Elle serait par ailleurs tributaire du hasard qu'aurait une chefferie d'avoir comme chef à un moment donné, un homme épris de bonne gouvernance. Ce qui suppose qu'il accepte d'associer les administrés à la prise de décision.

La seconde limite est l'existence en RDC des acteurs politiques qui ont dépassé de cinq ans et plus le mandat leur confié par leur mandant. Il s'agit des députés provinciaux, des sénateurs et les gouverneurs des provinces. Leurs actes en direction des acteurs locaux ne serraient plus couverts de légitimité car eux-mêmes n'en ont plus. À la publication de cet ouvrage, les institutions nationales : Présidence de la République et Assemblée nationale ont aussi dépassé leurs mandats et leur légitimité est dûment contestée. De ce fait, l'article 5 de la Constitution qui stipule : « […] Tout pouvoir émane du peuple qui l'exerce directement par voie de référendum ou d'élections et indirectement par ses représentants », est mis en cause. Il serait même tombé en désuétude.

Par-delà toutes considérations, les élections locales sont indispensables au processus du Budget participatif. D'une part, elles rendent le personnel exécutif redevable vis-à-vis des élus locaux et ces derniers redevables vis-à-vis de la population. Et il existe une grande probabilité que les élus et les autres leaders locaux se liguent pour influencer positivement les politiques publiques au sein de l'Entité. L'Institut de la Banque Mondiale qui a réalisé l'évaluation initiale du projet du Budget participatif au Sud-Kivu aurait peut-être pensé que les élections urbaines, municipales et locales seraient incessamment organisées. Ce qui aurait été une mauvaise lecture du contexte politique en RDC. Ces élections demeurent impérieuses pour fournir au processus du Budget participatif un pilier essentiel pour sa réussite. Ce qui contribuerait aussi à la résolution des conflits de succession au pouvoir identifiés dans certaines chefferies.

C. Budget participatif et conflits acerbes de succession au pouvoir dans certaines chefferies

Presque toutes les 18 chefferies que comprend la Province du Sud-Kivu ont connu dans un passé lointain ou récent, des violences ou des désordres dus à la course au pouvoir[34]. Nous en présentons les conflits les plus récents.

Dans la Chefferie Plaine de la Ruzizi, autrefois appelée Chefferie des Barundi, l'assassinat du Mwami Ndabagoye en mai 2012 et l'investiture de son fils ont causé des troubles graves. Son pouvoir est fortement contesté par la plupart de Bafuliru, une des tribus qui composent cette chefferie. Conséquence économique : depuis près de 3 ans (jusqu'à la fin 2014, voire au-delà), les taxes et les impôts n'ont pas été perçus sur toute l'étendue de la chefferie suite au refus des contribuables en signe de protestation contre l'autorité locale.

Dans la chefferie voisine de la précédente, celle de Bafuliru, à la mort du Mwami Ndare Simba, l'un de ses fils jumeaux, Monsieur Adamo Kalingishi Simba, alors âgé d'environ 17 ans, lui succède. Cette succession intervient dans un contexte de tendance de confiscation de pouvoir par l'un des frères du défunt, Monsieur Albert Simba. Un conflit qui perdure jusqu'à ce jour. Les partisans de deux frères du défunt Ndare Simba à savoir Edmond Simba et Albert Simba se sont affrontés et gravement blessés dans la convoitise de l'intérim du chef de chefferie qui partirait pour les études en Europe.

Par ailleurs, depuis de nombreuses années, la Chefferie Wakabango 1er a connu des crises terribles causées par des

---

[34] Aksanti (Landry), « Problèmes majeurs de la gouvernance au Sud-kivu ». In CRONGD Sud-kivu, bulletin de liaison, édition n° 58, Bukavu, CRONGD Sud-Kivu, janvier-décembre 2014. p.5-7.

conflits de pouvoir entre les frères de la famille royale Muligi. En novembre 2014, à la mort du chef Abel Muligi V alias Kidiaba et sa succession par son fils Grâce Abel Muligi VI, mineur et écolier, les conflits sont loin de s'estomper.

Dans la chefferie de Wamuzimu, au moment où l'héritier du trône, le jeune mwami Christian Biemba poursuivait ses études universitaires loin de sa chefferie, cette dernière a connu une gestion multi céphalée caractérisée par l'immixtion de certains membres de la famille royale dans les attributions du chef de chefferie, chacun là où il se trouvait, à Kitutu, à Kamituga,... Depuis février 2013, le chef Christian Byemba, ayant achevé ses études, a repris ses fonctions. Mais les problèmes de gouvernance liés aux conflits ci-hauts ne sont pas encore résorbés.

Dans la chefferie de Ninja, en août 2013, à la mort du Mwami Naninja, la chefferie tombe dans une crise successorale grave. Cette crise a été caractérisée par la confiscation du pouvoir par Monsieur Freddy Naninja, un des fils du défunt qui s'est autoproclamé chef de chefferie, au détriment du fils aîné Marcel Naninja qui aurait été désigné par le testament comme successeur de son père. Ce dernier n'a pas eu accès à son territoire car il le lui était empêché par tous les moyens par son frère ci-haut cité, jusqu'en avril 2 017 quand le Gouvernement Provincial a réussi à l'amener à Nindja et à l'installer en sa qualité de Chef de cette Chefferie.

Dans ce contexte des crises graves de gouvernance, des rétrocessions ont plus ou moins régulièrement été transmises à ces ETD et sans suivi des réalisations. Curieusement, même l'Administration de la chefferie de Ninja qui fonctionnait à Bukavu, avait reçu sa part de rétrocession pour l'an 2014 et peut-être les années suivantes. Elle a prétendu avoir tenu des rencontres d'identification des priorités de la population de Ninja par des habitants de Ninja, à Bukavu, à près de 83 km de sa chefferie de Ninja !

Les cinq ETD ci-haut évoquées sont parmi les 27 ETD inscrites au processus du BP au Sud-Kivu via l'arrêté provincial susvisé signé par le Gouverneur de Province le 5 octobre 2012 et entré en vigueur à la même date. Cette obligation au BP pour toutes ces ETD du Sud-Kivu, comme dit dans notre introduction, remonte à la circulaire n° 02/MINIPLAN&BUDGET/2011 du 4 avril 2011 portant Instructions relatives à l'élaboration des Prévisions budgétaires des Entités Territoriales Décentralisées de la Province du Sud-Kivu, pour l'exercice 2012.

Il faut aussi rappeler que parmi les cinq ETD ci-haut analysées figurent deux (Chefferies de Wamuzimu et Bafuliru) qui appartiennent à la série de huit ETD expérimentales. De ce fait elles jouissent de l'accompagnement de la Banque Mondiale depuis 2011. Le Gouvernement et la Banque Mondiale avaient peut-être ignoré ou sous-estimé les impacts négatifs de tels conflits sur le Processus. La résolution de conflits de succession au pouvoir devrait être un préalable ou un sous-préalable à l'introduction des mécanismes du BP dans les Entités susmentionnées. La non-prise en compte de cette condition et d'autres a eu comme conséquence des actes totalement contraires aux principes du BP analysés dans la plupart des points traités dans cet ouvrage. Quelle manœuvre d'action aurait la Société civile dans tel environnement politique ?

II. De la présence et de l'intérêt d'organisations de la société civile au Sud-Kivu

La présence et l'intérêt d'organisations de la Société civile et de l'ensemble de la population en général est le deuxième préalable du Budget participatif. En fait, c'est la participation de la Société civile en particulier et de la population en général qui confère au budget le caractère participatif.

Les organisations de la Société civile jouent un rôle clef dans la mobilisation de la population à participer au Processus. En plus, elles joueraient un rôle déterminant dans le suivi des activités et le contrôle citoyen tout au long de la mise en œuvre des priorités de l'Entité. Ici, nous allons examiner le rôle des organisations de la Société civile dans le monde et au Sud-Kivu en particulier.

A. Société civile : Acteur clé dans le processus du budget participatif dans le monde

L'émergence de la société civile comme acteur clé du développement est un des phénomènes les plus remarquables de l'histoire contemporaine du développement international[35]. La société civile est perçue comme un kaléidoscope d'un nouveau type de leadership sur lequel il convient de compter[36]. C'est pourquoi, le Gouvernement des États unis fait de l'appui et protection de la société civile une pierre angulaire de sa politique étrangère...[37]. De même, les Nations Unies considèrent

---

[35] Banque mondiale, « La Banque mondiale et la Société civile » disponible sur http://web.worldbank.org/WBSITE/EXTERNAL/ACCUEILEXTN/EXTTOPICSFRENCH/EXTCSOFRENCH/0,,contentMDK:20511379~pagePK:220503~piPK:264336~theSitePK:1153825,00.html, consulté le 04/05/2017

[36] Bucyalimwe Maroro (Stanislas), *La Société civile du Kivu, une dynamique en panne* ? Anvers, Mai 1999 p.1

[37] Déclaration du Secrétaire d'Etat américain John Kerry au Sommet Etats-Unis/Afrique à Washington, en Août 2014.In YALI (Young African Leaders Initiative), « The Civil society Forum at U.S.-Africa

que les organisations de la société civile (OCS) représentent un pilier non négligeable pour la mise en place d'institutions démocratiques dans des pays en post-conflit [...] D'où, Il est recommandé de mettre sur pied un espace politique structuré de dialogue entre les communautés et le gouvernement et stimuler la transparence et la responsabilité dans le processus de planification participative visant la reconstruction et le développement du pays.[38] Nous estimons que le mécanisme du budget participatif constitue cet espace de dialogue qu'il convient d'appuyer pour qu'il se concrétise. En effet, la participation de la Société civile consacre le caractère participatif au budget de l'entité. Quel est le profil de la Société civile au Sud-Kivu ?

B. Forces et faiblesses de la Société civile du Sud-Kivu face aux caractéristiques du Budget participatif

L'existence des Organisations de la Société civile au Sud-Kivu n'est plus à démontrer. Monsieur Emmy Mbera Rukamirwa[39] d'une part et la Monusco[40] d'autre part, les ont répertoriées. Mais la Société civile du Sud-Kivu a-t-elle réellement joué son rôle de contrepoids du pouvoir politique et de guide de la population au cours de la dernière décennie ? Si oui, l'apport de la société civile du Sud-Kivu à l'émergence d'une dynamique sociale provinciale et même nationale a-t-il été déterminant à telle

Leaders Summit", Disponible sur le site https://yali.state.gov/the-civil-society-forum-at-the-u-s-africa-leaders-summit/

[38] MONUSCO, « Support aux organisations de la Société civile», http://monusco.unmissions.org, consulté le 06/08/2014.

[39] Mbera Rukamirwa (Emmy), *op.cit.* p.37-42.

[40] MONUSCO, « Données déclaratives des organisations de la Société civile de la République Démocratique du Congo, consolidées depuis 2008 », http://monusco.unmissions.org, consulté le 06/08/2014.

enseigne que la Banque Mondiale et le Gouvernement congolais aient choisi le Sud-Kivu comme province pilote pour l'expérimentation du Budget participatif ?

De notre analyse, le Sud-Kivu a été le berceau de l'éveil de la Société civile de la RDC.

En effet, le Sud-Kivu a été la première province à constituer un bureau de coordination de la Société civile en 1983. Le premier réseau des associations y a vu le jour. Il s'agit du CRONGD Sud-Kivu en 1989. Du Sud-Kivu est venue l'initiative de la loi sur les violences sexuelles de juillet 2006. La campagne « Ne touchez pas à ma Constitution » fut son œuvre. Initiée en 2013, cette campagne a par la suite reçu l'adhésion de toutes les couches sociales de la RDC excepté le régime en place. Cette campagne a sensiblement contribué à empêcher la Majorité présidentielle de modifier la Constitution qui aurait pour conséquence néfaste de donner au Président en exercice un troisième mandat auquel il n'avait plus droit. Tout comme *Porto Alegre était l'une des villes du Brésil où les mouvements sociaux étaient les plus forts, où les citoyens demandaient plus de participation mais aussi une meilleure répartition au profit des plus faibles*[41] ; le Sud-Kivu a été la première où la Société civile ait été la plus revendicatrice parmi les 11 provinces que comptait la RDC et 26 provinces dans sa nouvelle subdivision. C'est pourquoi, le professeur Félicien Kabamba aurait dit qu'eux, à Kinshasa, considèrent que la Société civile du Sud-Kivu est la plus dynamique de la RDC[42].

---

[41] Sintomer (Yves) « Budget participatif à Paris : et ailleurs, ça marche comment ? » in http://www.terraeco.net/Budget-participatif-a-Paris-et,55798.html consulté le 04 septembre 2014.

[42] Kabamba (Félicien), représentant de la Fondation Konrad Adenauer, à l'Atelier sur l'implication de la Société civile dans la mise en place du Programme National Stratégique de Développement (PNSD), organisé par le CRONGD Sud-Kivu avec l'appui de la

La Société civile devait effectivement comprendre que l'avènement des conditions de vie de la population passe par une lutte démocratique inlassable. Mais la société civile au Sud-Kivu est-elle exempte de critiques fondées ?

Trois faiblesses peuvent lui être attribuées : la tentation de participer au pouvoir politique, l'insuffisance de cohésion interne durable et l'insignifiance des moyens matériels de leur politique.

En effet, les leaders politiques aux affaires savent que pour fragiliser la Société civile, il faut tenter d'associer ses leaders à l'exercice du pouvoir politique, une façon de les museler. Lors de l'Assemblée Générale du CNONGD tenue à Lubumbashi du 22 au 26 septembre 1997, il a été constaté : « le départ de certains cadres de la Société civile vers la politique ou l'administration, ou la tendance d'autres à avoir un pied dehors [politique], un pied dans le mouvement [associatif], met en péril la neutralité politique du mouvement[43] ».

Cette affirmation demeure d'actualité. Cette attitude est facilement perceptible quand des leaders de ce genre sont à la Société civile. En effet, ils essaient de parler au nom du peuple, en même temps ils évitent d'être mal vus par l'autorité politique. Vous entendrez le plus souvent dans leur langage la phrase « les responsabilités sont partagées » même dans les contextes où cela ne peut être dit.

De même, au sein de la Société civile, il s'observe de temps en temps l'insuffisance d'une vision commune. Dans la mesure où certaines organisations pensent être satisfaites de leurs actions isolées. Bien plus, la

---

Fondation Konrad Adenauer, à Bukavu dans la salle Exodus, du 20 au 21 juin 2016.

[43] REC/Z-Info, cité par Bucyalimwe Maroro Stanislas, *La Société civile du Kivu, une dynamique en panne* ? Anvers, Mai 1999, p.5.

dépendance financière extérieure les place dans une situation où elles exécutent la volonté des bailleurs de fonds dans certains domaines. Cela les empêche de regarder dans la même direction que d'autres.

C'est pourquoi, nous pensons, aucune synergie des acteurs du budget participatif n'a été créée jusqu'à nos jours. Et sur terrain, beaucoup d'organisations ont créé de structures pour la redevabilité du secteur public mais chacune travaille en solo. Ce qui les fragilise. Le budget participatif concerne toutes les organisations car tous les secteurs de la vie y trouveraient leurs places. Tous les domaines d'intervention des Ong/Asbl sont concernés par le BP. Il aurait fallu se mettre ensemble et chacun dans son domaine coordonné dans l'action de tous, accompagner la population à exiger des animateurs de leurs entités respectives l'inscription au budget et l'exécution des investissements de leurs domaines d'activités.

De même, la Société civile du Sud-Kivu souffrirait d'insuffisance de moyens de sa politique comme ci-haut énoncé. Quiconque coordonnerait efficacement les actions de la Société civile en commençant par les élections des responsables jusqu'à la mise en œuvre de leurs activités et l'évaluation, obtiendrait des bons résultats. Certaines organisations peuvent compter sur leurs moyens issus de financements de leurs partenaires extérieurs. Cependant les moyens sont insignifiants voire inexistants pour les Organisations établies en milieux ruraux : un défi à relever. Et en général, les moyens des organisations membres ne bénéficient presque pas à la Coordination de la Société civile. Et les quelques avoirs sporadiquement obtenus à la Coordination provinciale grâce à certains partenaires n'atteignent souvent pas les noyaux de la Société civile, surtout ceux éloignés de la ville. C'est ainsi que nombreuses des initiatives et actions de la Société civile au niveau provincial sont souvent limitées dans la ville de Bukavu.

Bien que la Société civile soit représentée dans la plupart des entités en ville comme en milieu rural, des tâches dévolues au Siège/Coordination, traînent à être réalisées. C'est l'exemple de l'organisation des élections dans certains noyaux où les responsables sont fin mandat; l'éducation civique et électorale.

Dans son organisation, la Société civile fonctionne avec une coordination provinciale au chef-lieu de la Province. Elle a des noyaux dans les territoires et dans les communes. Puis, des sous-noyaux dans les groupements et des antennes dans certains villages. En plus, il existe un Conseil d'Éthique, Déontologie et contrôle. En outre, les organisations de la Société civile sont reparties en composantes et en groupes thématiques.

Cependant, nous remarquons qu'il n'est pas prévu de représentation au niveau de la ville, des secteurs et chefferies. Pourtant, avec le processus de décentralisation en RDC, bien que piétinant, la représentation de la Société civile organisée au niveau des ETD : ville, commune, chefferie et secteur est d'un intérêt capital. Au sein de ces entités se jouerait presque toute politique socio-économique de la Province. Un comité de la société civile constitué des animateurs compétents en matière socio-économique et contrôle citoyen, y est nécessaire.

Les activités de la Société civile au niveau des territoires et groupements ont jusqu'ici focalisé leur attention sur des questions sécuritaires et de « droits de l'homme ». Ce dernier aspect paraissant aux yeux des animateurs de la Société civile comme équivalent à la lutte contre les arrestations arbitraires. Alors qu'il intègre les questions tant sécuritaires, juridiques, que socio-économiques et culturelles.

La Société civile doit s'impliquer dans le développement intégral multidimensionnel de sa contrée. Les noyaux de la Société civile devraient être constitués partout où fonctionnent ou devraient fonctionner les institutions étatiques. Ces noyaux devraient concevoir leurs tâches au regard des responsabilités des animateurs de ces institutions/entités sur lesquels ils ont le devoir d'exercer le contrôle citoyen.

Nous avons posé à certains animateurs de la Société civile cette question simple : qui répond à l'invitation du maire de la ville ? Les réponses des uns et des autres étaient les suivantes : « le responsable du noyau de la Société civile de la commune dans laquelle la mairie a son siège ; un membre de la Coordination provinciale de la Société civile car celle-ci est géographiquement proche de la mairie ; une organisation désignée par la Coordination provinciale,… ».

Pour les chefferies/secteurs, les réponses à la question, « qui représente la Société civile » étaient : « le responsable du sous-noyau dans le groupement où se trouve le siège de la chefferie ; un membre du noyau territorial… ».

Cela démontre la nécessité de constituer des représentations de la Société civile dans la ville, chefferies et secteurs. Ainsi, successivement en Province, Ville/Territoire, Chefferie/Secteur, Quartier/Groupement, Avenue/Villages ; les libellés ci-après devront désigner ces organes : *Coordination, sous-coordination, noyaux, sous-noyaux, cellules/antennes*, selon le niveau de la Société civile représentée. Il faudra tenir compte du nombre des animateurs au regard des tâches à remplir, en vue d'éviter des superstructures difficilement fonctionnelles.

En somme, il est impérieux de restructurer la Société civile en tenant compte du processus de décentralisation en RDC ; élaborer des stratégies pour contrer la politisation de certaines institutions ou personnalités de la Société civile ; créer une forte synergie des organisations de bonne gouvernance ; enfin, inventer des politiques adéquates de mobilisation de fonds.

III. De l'interaction entre les deux préalables

Les préalables du Budget participatif augurent la mise en œuvre de ce mécanisme. Le contexte dans lequel il est initié peut présager la réussite ou l'échec du Processus. Nous considérons qu'à l'initiative de l'outil Budget participatif dans les Entités Territoriales Décentralisées du Sud-Kivu, le préalable « volonté politique » a fait défaut.

Par ailleurs, l'on pourrait compter sur les organisations de la Société civile qui, non seulement existaient mais aussi étaient plus ou moins dynamiques et auraient la capacité et la volonté de soutenir un processus participatif, en dépit de quelques fautes corrigeables.

Cependant, l'interaction entre les deux conditions qui produisait un choc plutôt qu'une cohésion, permettrait de conclure à un échec de deux préalables. À la sélection des ETD pilotes, notre attente vis-à-vis de l'évaluation initiale du projet Budget participatif était qu'elle se focalisât sur l'examen de type de relation qui existe entre la population et les responsables des ETD. N'est-elle pas celle des opprimés face à l'oppresseur ? Un diagnostic de gouvernance locale devrait être posé sur la base des définitions des expressions *bonne gouvernance* et *mauvaise gouvernance* nous proposées par l'Organisation Héritiers de la justice.

En effet, Héritiers de la Justice dit : « la bonne gouvernance suppose la responsabilité des gouvernants, de mettre en place un système d'organisation, qui favorise le développement socio-économique, la distribution des ressources et la bonne relation entre les dirigeants et la population. Si donc la population perçoit l'État comme un allié qui se soucie de son bien-être, qui met tout en œuvre pour lui fournir des conditions favorables à une vie digne, même à l'échelle modeste proportionnellement à ses ressources ; alors le gouvernement pratique la bonne gouvernance »[44].

Héritiers de la Justice poursuit : « par contre, si les citoyens ont l'impression que l'État les haïsse et les dépouille de la majeure partie du fruit de leurs activités afin de renforcer son pouvoir et d'accroître les richesses de la minorité dominante, alors c'est la mauvaise gouvernance »[45].

La méconnaissance de ce qui précède a abouti à *l'imposition* du budget participatif à des animateurs d'ETD qui n'ont aucune lueur de redevabilité et de transparence, souvent absents dans leurs juridictions, sans compétence ou peu compétents ou insouciants, au pouvoir selon la coutume ou la volonté d'un politicien influent ou un parti politique et auquel il a allégeance,…

Dans sa mission d'évaluation ex-ante du projet sur le Budget participatif au Sud-Kivu, Monsieur Emmy Mbera Rukamirwa a analysé sept préalables pour l'instauration d'un BP [46]. Il a successivement cité la mobilisation de la population, la volonté politique, les règles de fonctionnement, le lien avec l'administration communale, l'autonomie du mouvement citoyen, la formation des délégués et des conseillers et le suivi des projets. Il a poursuivi en disant : « il n'est pas conseillé d'initier le BP lorsque les conditions susmentionnées ne sont pas réunies

---

[44] Héritiers de la justice, *Modules du formateur des formateurs en droits humains, paix, démocratie, participation citoyenne et protection de l'environnement,* Bukavu, décembre 2007 p.55-56.

[45] *Ibid.*

[46] Mbera Rukamirwa (Emmy), *op.cit.* p.8-10.

et lorsque l'une ou les deux parties (population et gouvernement) ne sont pas ouvertes au changement et au partage de la gestion des ressources publiques. Il est aussi conseillé d'éviter le BP lorsqu'il n'y a pas de l'honnêteté et de la transparence au sein de l'administration locale. Initier le BP dans ce contexte produirait des pratiques contraires aux principes de base du BP[47] ».

De cette analyse, nous attendions une conclusion selon laquelle, les ETD du Sud-Kivu ne sont pas éligibles au budget participatif. Ou du moins qu'il est inopportun de l'intégrer dans la gestion des finances publiques pour ainsi se conformer à la seconde assertion du même auteur. Cette assertion indique : « lorsque les conditions locales ne sont pas idéales à un moment donné, cela ne signifie pas que les personnes ou institutions intéressées devraient abandonner l'idée de la budgétisation participative. Plus d'initiatives peuvent être entreprises, notamment en essayant d'introduire plus de transparence dans le processus de budgétisation ». Il poursuit : « L'organisation de forums ou d'autres activités avec la présence des représentants légitimes de la Société civile peut être un mécanisme de faire pression pour l'ouverture d'un débat public sur le budget et son contrôle par le citoyen[48] ».

Nous pensons que cette dernière déclaration serait la mieux applicable aux ETD du Sud-Kivu. Non seulement en tenant compte de notre dissertation qui précède mais aussi ce qui suivra dans l'analyse de cet ouvrage. Et donc, à ce stade, nous n'émettons que des affirmations atténuées. Mais quelle a été la conclusion d'Emmy Mbera Rukamirwa ? Il a estimé que la Province du Sud-Kivu

[47] *Idem*, p.10.
[48] *Ibid.*

avait tout intérêt d'expérimenter le processus de budgétisation participative[49]. Certaines des raisons qu'il a avancées ne nous convainquent guère. Notamment l'existence d'une volonté politique matérialisée par l'élaboration et la promulgation des textes en rapport avec la décentralisation et la démocratisation[50]. En parlant des ETD ville, commune, chefferie et secteur, il allègue que toutes ces ETD comptent deux organes importants pour conduire ses actions à savoir l'organe délibérant et l'organe de gestion.[51]

Les deux affirmations qui précèdent, si elles peuvent être justifiées par les textes juridiques qui consacrent la démocratie et la décentralisation en RDC notamment la Constitution du 18 février 2006 telle que modifiée à ce jour, la loi organique n° 08/016 du 07 octobre 2008 portant composition, organisation et fonctionnement des Entités territoriales décentralisées et leurs rapports avec l'État et les Provinces… ; elles ne peuvent cependant l'être si l'on tient compte des faits. En effet, l'organe délibérant n'existe pas jusqu'à ce jour. Il n'a pas non plus existé à cette évaluation initiale du projet BP par l'Institut de la Banque mondiale. De même, l'Exécutif local conforme aux prescrits de la loi susvisée et appelé collège exécutif n'a jamais existé.

Si la volonté politique peut être fondée sur l'élaboration et la promulgation et non pas la mise en œuvre des textes juridiques, elle nous paraîtrait comme une volonté politique de façade. À moins qu'elle s'applique à des *Nations civilisées*, dans lesquelles, en tenant compte des

---

[49] *Idem*. p.64-65.
[50] *Ibid.*
[51] *Idem,* p. 63.

expériences, l'on soit confiant que les textes promulgués seront à coup sûr mis en œuvre. Ce qui est différent en RDC. Le non-respect des textes y est de la responsabilité des autorités tant nationales, provinciales que locales.

Adolphe Muzito, cadre de la Majorité présidentielle et son ministre honoraire, a publié aux éditions L'Harmattan en 2015, un ouvrage intitulé « La République Démocratique du Congo : un Etat sans provinces ». Avant d'analyser l'opportunité de passage de 11 à 26 provinces, il a soutenu ceci : « les 11 provinces et leurs ETD sont restées des coquilles vides, sans pouvoir et sans ressources financières. Cet Etat de chose est dû, moins à une incapacité technique des dirigeants et leurs experts, qu'à l'absence de volonté politique ; de culture démocratique caractérisée par la propension des dirigeants nationaux à concentrer et à centraliser le pouvoir ; de vision politique[52] ». Il n'a pas tort. À condition de ne pas dédouaner les dirigeants des provinces et des ETD de leurs responsabilités face à la faible mobilisation et la mauvaise gestion de recettes locales et les ressources disponibles. Son analyse ne s'appliquerait-elle pas mutatis mutandis aux relations entre provinces et leurs ETD respectives ?

En somme, l'analyse de deux préalables au BP nous a permis d'affirmer que la volonté politique a été faible. Par ailleurs, les organisations de la Société civile ont existé avec leurs forces et certaines faiblesses. Mais l'interaction entre les deux préalables consacrerait l'échec du Processus. Face à ce qui précède, devrions-nous attendre un miracle dans le déroulement du processus du BP ?

---

[52] « Muzito : la RDC, un Etat sans province », disponible sur http://www.congosynthese.com/news_reader.aspx?Id=10696#16wl73XjsFXJrYIU.99, consulté le 04/04/2016.

Chapitre II. DE LA MISE EN ŒUVRE DU MÉCANISME DU BUDGET PARTICIPATIF

La mise en œuvre du BP a été tributaire de non-respect des préalables, en particulier la volonté politique. Devant un processus qui a commencé bien que sur des bases erronées, le chercheur ne devrait pas se limiter à l'examen de l'initiative du BP. Il lui serait utile de poursuivre l'étude en vue de dégager les résultats.

Dans le cas d'espèce, peut-on imaginer qu'un contexte défavorable au BP ait produit des effets positifs ? Certains analystes prétendraient que l'introduction du mécanisme du BP dans un tel système serait pareille à une cure de médicaments administrée à un malade et qui aurait comme conséquence la guérison progressive du patient. In concreto, on s'attendrait à ce que le développement du processus éveille la conscience des acteurs tels qu'ils changent progressivement de comportements, de politique et des méthodes de travail et s'inscrivent petit à petit dans la logique de redevabilité. Mais les mêmes causes ne produisent-elles pas les mêmes effets ?

Dans ce chapitre, nous étudions le cadre juridique du BP, la participation limitée et la réalisation des investissements. Dans ce premier point, nous démontrons que, bien qu'un cadre juridique formel ne garantisse pas la réussite du Processus ; au Sud-Kivu, l'absence d'une loi et d'un édit sur le BP ne serait justifiée. À la place, un arrêté provincial a été promulgué. Mais sa légalité demeure discutable. Il comprend quelques omissions et son impact sur le Processus a été faible. Il a cependant le mérite d'être la seule base juridique du processus du BP.

Ensuite, nous examinons les circulaires du Ministère du Budget. Enfin, nous constatons que les ETD ont ignoré leur devoir de produire des règles locales consensuelles qui seraient indispensables au Processus.

Dans le deuxième point, nous montrons que la participation de la population au Processus a été faible, insignifiante celle de la femme et aucune préoccupation de faire participer les groupes marginaux n'a été identifiée. Ceci aurait pour causes principales : le non-respect du calendrier du BP, la non-formation de la population au mécanisme et la faible mobilisation populaire.

Enfin, dans le troisième point relatif à la réalisation des investissements, nous affirmons que quelques investissements ont été réalisés malgré l'inexistence de plans locaux de développement pour la plupart des ETD et en dépit de la controverse sur le pourcentage du budget alloué aux investissements. En outre, l'affectation des investissements ne s'est pas préoccupée des communautés ou personnes les plus pauvres de l'entité. Et en général, le Processus n'a pas eu d'impact significatif sur la gestion des impôts et taxes.

I. Cadre juridique

Ubi societas, ibi jus[53]. Cependant, le cadre juridique ne garantit pas l'atteinte de résultats dans le processus du Budget participatif. Tout dépend du choix et surtout de la volonté politique des Animateurs de l'entité ainsi que de l'activisme de la Société civile. Au Brésil, par exemple, pays berceau du BP, le processus n'est pas normatif. Il se limite aux règles de jeu que se fixent les différents acteurs et qu'ils doivent scrupuleusement respecter. Ceci répond à une caractéristique du budget participatif à savoir la souplesse, l'adaptation.

---

[53] Expression latine qui signifie qu'il n' y a pas de société sans normes. Littéralement : là où il y a la société, là est la loi. Ou mieux dire il n'y a pas de société sans norme.

Par ailleurs, Onu-Habitat a remarqué qu'en dehors du cas de villes brésiliennes, les autres villes et municipalités dans le monde ont adopté des textes juridiques sur le Budget participatif[54]. Ce schéma n'est pas erroné. C'est une option. L'essentiel, c'est le respect éclairé du contenu de règles édictées. Dans la Province du Sud-Kivu en RDC, le Processus du BP est réglementé par un arrêté provincial.

A. Absence d'une loi et d'un édit sur le BP

Nous attendions de l'Assemblée Nationale l'introduction dans la loi des finances publiques une ou des dispositions qui exigeraient des ETD dans toute la République la gestion des finances sur base des principes du Budget participatif. Cela était très attendu étant donné que la loi n° 11/011 du 13 juillet 2011 relative aux finances publiques a été promulguée plus d'une année après le début de la réforme des finances publiques via le mécanisme du BP. Encore *qu'après l'expérience du Sud-Kivu, cette initiative du BP devrait être étendue aux provinces de toute la République en commençant par Kinshasa et Katanga*[55].

Jusqu'à ce jour, aucune disposition de la loi susvisée ni de la Constitution ne se rapporte directement au BP. Et pourtant, la participation populaire à travers des mécanismes appropriés n'est pas seulement le résultat du processus du BP mais aussi à l'essence même de la décentralisation comme mode de gestion du pouvoir à la

---

[54] Onu-Habitat, *op.cit.*p.78. Mais cela n'exclut pas l'existence dans la loi fondamentale d'une brèche qui place la gestion des budgets des municipalités sous le mode participatif.

[55] Banque mondiale, « Le Budget Participatif, une expérience de bonne gouvernance financée par la Banque mondiale dans la province du Sud-Kivu », disponible sur www.banquemondiale.org, consulté le 09 juillet 2014.

base… Entre-temps un projet de charte nationale sur la participation citoyenne en RDC a été élaboré…[56]

Au niveau provincial, rappelons que le BP a été introduit en RDC à partir de la Province du Sud-Kivu. A l'absence d'organe délibérant au sein des ETD, l'Assemblée provinciale devrait voter un édit sur le BP qui servirait d'outil de référence aux ETD pour élaborer leurs propres règles de jeux pouvant orienter le Processus. Mais remarquer que c'est plutôt l'arrêté provincial qui a été signé par le Gouverneur de Province en 2012. Ce texte réglementaire devrait au contraire servir de mesures d'application à l'édit provincial s'il existait.

D'ailleurs, Paterne Murhula Batumike qui a analysé les dispositions légales relatives aux finances publiques, a affirmé :« les questions relatives au budget provincial, dont le BP serait un aspect, relèvent exclusives de l'organe délibérant de la province à savoir l'assemblée provinciale (Aspro) et non de l'exécutif provincial chapeauté par le Gouverneur de Province[57] ». Le silence et l'inertie de l'Assemblée provinciale face à cet état de chose sont donc incompréhensibles. En 2014, la députée provinciale, madame Espérance Baharanyi a initié un édit sur le BP. Cet outil a été enrichi par d'autres députés provinciaux et par des acteurs de la Société. En effet, en septembre 2014,

[56] Elaboré au cours du forum national sur le budget participatif tenu à Kinshasa à l'immeuble du Gouvernement du 18 au 19 novembre 2015.

[57] Murhula Batumike (Paterne), « Institutionnaliser le Budget participatif sans décentraliser : Une pratique dichotomique au Sud-Kivu? », in KAS African Law Study Library – Librairie Africaine d'Etudes Juridiques1 (2014). Disponible sur le site http://www.nomos-elibrary.de/10.5771/2363-6262_2014_3_495/institutionnaliser-le-budget-participatif-sans-decentraliser-une-pratique-dichotomique-au-sud-kivu-jahrgang-1-2014-heft-3?hitid=0, consulté le 17 juin 2016.

le Consortium des Organisations Centre d'Étude, Documentation et Animation Civique, en sigle CEDAC ; le Centre D'appui à l'Éducation et au Développement Communautaire, CEDECO en sigle ; et enfin Development Alternatives Incorporated, en sigle DAI ; a organisé un atelier de cinq jours à Bukavu en vue d'améliorer le projet de l'édit portant institution du mécanisme du Budget participatif dans la Province du Sud-Kivu[58]

Curieusement, jusqu'à la rédaction de cet ouvrage, cet édit n'a toujours pas été voté par les députés provinciaux. Ce qui dénote d'une défaillance de l'Assemblée provinciale dans son rôle de légiférer. Devant cette attitude, faut-il laisser en vigueur l'arrêté provincial ci-haut ? Il demeure la seule source juridique du BP au Sud-Kivu. Bien que sa légalité demeure discutable, l'essentiel serait l'application de cet acte dans ses aspects susceptibles d'avoir d'impacts positifs sur le Processus. Ensuite, le modifier en y introduisant un système de contrôle citoyen bien défini via un organe technique à qui le texte reconnaît l'accès à la quasi-totalité d'informations relatives au BP. Sans oublier les sanctions pour entrave du processus du BP ou mauvaise gestion.

Cependant, un édit demeure indispensable en vue de prendre en compte de questions importantes non résolues, notamment l'extension du mécanisme du BP au Budget provincial. Sa promulgation aurait pour effet l'abrogation de plein droit de l'arrêté étant donné que ce dernier a une force juridique inférieure à l'édit.

---

[58] Information reçue de Monsieur Jean-Pierre Buledi, Coordonnateur de l'Asbl CEDECO.

B. Arrêté provincial sur le budget participatif

L'arrêté provincial n° 12/031/GP/SK du 5 octobre 2012 portant institution du budget participatif dans les entités territoriales décentralisées de la province du Sud-Kivu, a le mérite d'avoir défini le BP, ses cycles, ses objectifs, sa finalité, son organisation ou les instances de participation, le lien entre la programmation participative et les plans locaux de développement, quelques droits, devoirs et modalités de fonctionnement, quelques mécanismes de surveillance participative et enfin les dispositions finales.

Par ailleurs, deux principales faiblesses peuvent être attribuées au fond de ce texte réglementaire en termes d'omissions : l'absence de sanctions à une ETD qui n'appliquerait pas le BP et l'inexistence de mesures transitoires. Il s'agit là d'un obstacle à la pleine participation citoyenne. Tant il est vrai qu'une loi qui ne prévoit pas de sanctions aux contrevenants est sujette aux abus divers. Mais cette approche serait justifiée par analogie par exemple à loi internationale qui par principe ne prévoit pas de sanctions (pénales en particulier) mais reconnaît cette compétence aux États parties, au nom de la souveraineté des États.

De même, les ETD étant dotées d'une personnalité juridique et d'autonomie de gestion de leurs ressources, il est évident que la fixation des sanctions leur soit due. Mais, nous connaissons la sanction à l'égard d'un projet de budget non élaboré sur base des principes reconnus. Il s'agit de son irrecevabilité par l'organe délibérant. Dans le cas d'espèce, quel est l'organe compétent ? Aux termes de l'article 14 de l'arrêté susvisé « les principales priorités débattues et arrêtées par l'Assemblée de l'Entité territoriale décentralisée du Budget participatif seront adoptées en définitive par l'Organe délibérant de l'Entité conformément aux lois et règlements qui régissent la procédure de l'élaboration et l'adoption des décisions budgétaires ».

Or, cet organe délibérant n'existe pas encore, comme déjà annoncé. Et curieusement, l'arrêté ne contient pas de mesures transitoires. On dirait que l'autorité provinciale avait la certitude que les élections locales seraient organisées au lendemain de l'entrée en vigueur de son arrêté. Et voilà pourtant que depuis la signature concomitante à l'entrée en vigueur de l'arrêté provincial le 5 octobre/2012, jusqu'au jour de cette analyse, les élections urbaines, municipales et locales ne sont pas encore organisées et aucun signe réel de leur organisation ne pointe à l'horizon. En conséquence, les prévisions budgétaires des ETD sont approuvées ou adoptées par une commission ad hoc : «… Enfin, les projets des Prévisions budgétaires des ETD seront défendus devant la commission budgétaire constituée par l'Autorité provinciale conformément au calendrier joint à la présente[59] ». Cette disposition n'attirerait pas assez notre attention vu que la circulaire est antérieure à l'arrêté provincial. Mais comment expliquer qu'elle figure dans des instructions postérieures à cet arrêté ? Celles auxquelles l'invitation aux Conférences budgétaires renvoie en ces termes : « En effet, les Instructions relatives à l'élaboration du Budget de l'État de l'exercice 2014 disposent que les prévisions budgétaires sont élaborées par Service et défendues en conférences regroupant les Experts constitués en Commission budgétaire 2014 d'un

[59] Circulaire N°02/MINIPLAN et BUDGET/2011 du 04 avril 2011 portant Instructions relatives à l'élaboration des Prévisions budgétaires des Entités territoriales décentralisées de la Province du Sud-Kivu pour l'exercice 2012.

côté et l'unité de gestion budgétaire de chaque Entité de l'autre côté ».

Il est vrai que « le processus de l'élaboration du Budget participatif est fixé par le Ministère ayant en charge le Budget dans ses attributions » tel que le stipule l'article 3 de l'arrêté provincial sur le BP. Cependant, nous constatons que les instructions ministérielles confiant la compétence d'adoption des prévisions budgétaires d'une ETD à la Commission budgétaire provinciale sont en contradiction flagrante avec l'article 14 de l'arrêté susvisé qui la confie à l'organe délibérant de l'ETD. Il serait plausible de prévoir dans l'arrêté provincial une mesure transitoire qui autorise à ladite commission d'adopter les prévisions budgétaires en attendant l'organisation des élections urbaines, municipales et locales. Ceci pour mettre fin à l'incohérence, la contradiction qui figure dans les instructions ministérielles budgétaires.

Dans la mise en œuvre de l'arrêté provincial sur le BP, nous avons dégagé trois faiblesses : non-vulgarisation, quasi-manque de suivi de son application et contribution au Processus limitée. À propos de la vulgarisation, nous avons lu :« en novembre 2012, le coup d'envoi a été donné par le ministère provincial du Plan et budget dans la commune d'Ibanda, en présence du gouverneur de province, Marcellin Cishambo Ruhoya, des ministres provinciaux, des chefs de divisions provinciales, des représentants des Entités territoriales décentralisées ainsi que ceux de la société civile et du docteur Sabiti Kalindula, représentant de l'Institut de la banque mondiale dans la province du Sud-Kivu[60] ». Nous avons constaté que cette vulgarisation a été sans suite pourtant elle a été

[60] ACP, « Vulgarisation de l'arrêté sur l'institutionnalisation du budget participatif dans les ETD » Disponible sur http://acpcongo.com, consulté le 09 juillet 2014.

appelée « coup d'envoi de la vulgarisation ». Le contrôle, suivi et évaluation du Processus font l'objet de notre troisième chapitre.

Quant à la contribution de l'arrêté au Processus, elle ne serait que très limitée étant donné le manque de vulgarisation et la quasi-absence de contrôle. Ainsi, à partir de 2013 et 2014, on a vu des ETD appliquer ce qu'elles appelaient « mécanisme du BP ». Mais en réalité, pour la plupart, chacune n'a organisé qu'un seul forum du « Budget participatif » à savoir l'Assemblée du « budget participatif ». Et dans ces assises, les acteurs étatiques étaient de loin plus nombreux que les acteurs non-étatiques. Que vaudraient des représentants de la société civile dans l'ordre d'un par groupement en présence de tous les chefs de groupements et des villages et d'autres agents de l'Exécutif local ?

Dans d'autres ETD, la soi-disant « Assemblée du BP » ne constituait qu'une réunion élargie des chefs locaux. Dans de cas où la Société civile était invitée et très minoritaire, elle avait le statut d'observateur. Et bien de tels forums étaient d'information sur le Budget élaboré par l'Exécutif local à la place du débat et vote budgétaires.

Nous pouvons reconnaître cependant en exemple deux ETD dont l'implication dans le Processus du BP est de la contribution de l'Arrêté. Il s'agit de la Chefferie de Rubenga en territoire d'Idjwi (dans la partie Nord) et le Secteur de Tanganyika en territoire de Fizi. Mais l'effet que l'Arrêté a produit sur l'ETD Secteur de Tanganyika n'est pas celui désiré dans le BP. En effet, en 2011, nous avons rencontré le chef de secteur et l'avons sensibilisé à l'acceptation du contrôle citoyen dans son secteur à travers la Cellule Locale de Contrôle Citoyen de l'Action Publique, CLCAP que nous accompagnions. Il nous avait répondu qu'il n'admettrait que des contrôles à l'initiative du Gouvernement provincial ou de l'Assemblée provinciale. Nous lui avons en vain opposé des dispositions de la Constitution qui se rapportent indirectement au contrôle citoyen de l'action publique.

C'est finalement en 2014 que le Chef de Secteur a été contraint d'accepter le mécanisme du BP dans la gestion des finances de son Entité. Non seulement parce que ce mécanisme venait d'être consacré par l'arrêté susmentionné mais aussi grâce à de nombreuses revendications de la Société civile locale. Le Chef de secteur qui serait le levier du BP l'a adopté sur fond d'imposition. Ce qui est de nature à compromettre le développement du Processus. Une telle contrainte n'est pas de l'essence du BP.

Par ailleurs, la Chefferie de Rubenga a intégré le Processus en 2014 convaincue de son apport futur dans l'amélioration de la gouvernance locale. En mai 2011, nous avons rencontré le Chef de Chefferie en vue de lui présenter l'objectif et les membres de la Cellule Locale de Contrôle Citoyen de l'Action Publique. Très attentif et analytique, il a admis le contrôle citoyen dans son Entité en arguant : « Si la Société civile ne dénonce pas, comment alors l'autorité saura qu'elle dirige bien ou mal ? » Pour ce cas, l'on comprend que l'Arrêté aurait pour effet de corroborer la volonté politique qui naissait déjà. Ce qui donnerait au Processus la chance de se développer, en dépit de la faible mobilisation de recettes dans la Chefferie.

Voilà comment a été perçu l'Arrêté provincial sur le BP par les ETD. Certaines en ont trouvé un instrument plus ou moins contraignant. Et par formalités, ont élaboré des « faux budgets participatifs » comme ci-haut décrit ; d'autres l'ont considéré comme un guide susceptible d'asseoir le dialogue social et la gestion participative des ressources de l'Entité.

C. Circulaires du Ministère du Plan et Budget

En RDC, chaque année, le ministère national du Plan et Budget adresse aux Provinces et aux ETD des instructions relatives à l'élaboration de leurs budgets respectifs. En accord avec ces instructions nationales, le ministre provincial du Plan et Budget peut à son tour élaborer des instructions provinciales adressées aux ETD. Ces instructions nationales et provinciales fixent les principes qui guident la confection des budgets pour l'année à venir. Et spécifiquement, les instructions en Province fixent en plus certaines règles liées au processus du Budget participatif par les ETD.

C'est ainsi que les premières instructions ayant quelques aspects du Budget participatif ont été élaborées en 2011. Elles sont contenues dans la circulaire n° 02/MINIPLAN&BUDGET/2011 du 4 avril 2011 portant Instructions relatives à l'élaboration des Prévisions budgétaires des Entités Territoriales Décentralisées de la Province du Sud-Kivu, pour l'exercice 2012. Cette circulaire s'adresse à toutes les vingt-sept ETD de la Province du Sud-Kivu y compris les Huit ETD pilotes. Rappeler que cet exercice budgétaire a été le premier réputé revêtir les aspects du BP dans les ETD du Sud-Kivu. La circulaire ci-haut a peut-être eu de l'impact sur la gestion des certaines ETD pilotes. Mais parmi les dix-neuf ETD non-pilotes, seule la Chefferie de Kaziba a débuté le processus au même moment que les ETD pilotes. Au mois de décembre 2014, au cours de notre entretien avec le chef de chefferie de Kaziba ad intérim, madame Félicité Naweza, il est ressorti que cette ETD a intégré les principes du Budget participatif dans sa gestion parce que les responsables de l'Entité étaient convaincus de la contribution du processus du BP à l'amélioration de la gouvernance dans l'ETD. Ce qui présume de la volonté politique de l'autorité locale. Les autres instructions provinciales qui suivirent auraient eu pour but de préciser ou compléter certains aspects de cet arrêté provincial sur le BP daté du 5 octobre 2012. Malheureusement il est arrivé qu'un élément desdites instructions contredise une disposition de l'arrêté au lieu de la préciser. Ce que nous avons démontré dans les lignes qui précèdent.

D. Arrêtés locaux et autres règles de jeu

Au Sud-Kivu, beaucoup de chercheurs se limiteraient à l'arrêté ci-haut comme seul texte régissant le processus du BP au sein des ETD du Sud-Kivu. Or, les ETD peuvent élaborer des textes juridiques ou faire des accords sur des cas spécifiques des unes et des autres en renforcement des prescrits des arrêtés, circulaires provinciales voire lois ou édits s'ils existent.

Par ailleurs, dans le Processus du BP, les règles de jeu sont très nécessaires. Les règles du jeu ont trait aux sommes d'argent à examiner, aux différentes phases et à leur calendrier d'exécution, aux règles de prise de décisions (et, en cas de désaccord, aux responsabilités et aux prérogatives des différents acteurs), à la méthode de distribution des responsabilités, des prérogatives et des ressources entre les différents districts et les quartiers de la ville et à la composition du Conseil du budget participatif[61].

Ces règles ne peuvent être fixées de manière unilatérale. Elles doivent être arrêtées avec la pleine participation de la population et, par la suite, être ajustées chaque année, en fonction des résultats et du fonctionnement du processus.[62]. Au sein des ETD du Sud-

[61] Onu-Habitat, *op.cit.* p. 30.
[62] *Ibid.*

Kivu, rares sont les ETD qui aient élaboré un cahier de règles à suivre et à respecter scrupuleusement tout au long du processus. Et quelques ETD qui l'ont fait à leur manière, exemple des chefferies de Kabare, Luhwinja ; il s'agissait plutôt de formes de recommandations prises au cours des réunions relatives au BP, sans engagements réels assortis des signatures des parties prenantes. Au sein des ETD, le budget élaboré inscrivait souvent son caractère participatif dans l'exposait des motifs. En quelques mots.

Pour des aspects non pris en compte ou non précis dans les textes émanant de la Province, les ETD auraient compté sur leurs organes délibérants pour qu'en communion avec la population, élaborent des règles plus justes. Mais comme dit, ces conseils des ETD n'existent pas encore. Quoiqu'il en soit, des délégués aux forums du BP avec l'exécutif local devraient être créatifs et mettre ainsi sur pieds des normes que tous les acteurs au BP s'engagent de bonne fois à respecter. Ceci comblerait les lacunes contenues dans l'arrêté provincial, ainsi que l'inexistence d'édit et de loi nationale sur le Budget participatif.

II. Participation limitée

La participation de la population au processus budgétaire consacre le caractère participatif du budget de l'entité. Et cette population contribue non seulement à l'identification des priorités mais aussi à l'exécution et à l'évaluation. Elle n'est pas observatrice dans le Processus. Elle est plutôt un véritable acteur, le premier parmi plusieurs. À ce sujet Emmy Mbera Rukamirwa écrit : « les BP dépassent la simple consultation des habitants pour en faire des co-décideurs. Et cela pas seulement sur des questions ponctuelles mais qui s'inscrivent dans le temps[63] ». Banaliser cette participation aboutie aux mauvais résultats ou enlève même toute la substance du processus participatif.

Pour ELLA, beaucoup de gens soutiennent que les politiques et programmes publiques ont produit peu d'impact en termes d'amélioration des conditions socio-économiques des populations pour la raison principale qu'ils ont échoué l'identification des besoins réels des citoyens parce qu'ils ne les ont pas fait participer dans le processus de mise sur pied de ces politiques publiques[64].

Catusse renchérit : « les expériences internationales en matière de développement participatif seraient révélatrices de l'importance d'une participation des populations pour une meilleure appropriation et viabilité des projets et des interventions, ainsi que des vertus des approches contractuelles et partenariales, outre le dynamisme du tissu associatif et des acteurs du développement local et de proximité[65] ». Comment la population participe-t-elle au processus ?

Le processus du BP connaît 3 modes de participation des acteurs non-étatiques. Le premier est la participation individuelle et directe dans la logique *une personne égale une voix*. Ce mode est répandu dans les villes brésiliennes. Il est de nature à favoriser la participation de tout individu de l'entité indépendamment de son appartenance associative. Ce qui implique une participation accrue et diversifiée si bien sûr la mobilisation populaire est forte.

---

[63] Mbera Rukamirwa (Emmy), *op. cit*, p.8

[64] ELLA (Evidence and lessons from Latin America), "Participatory budgeting: citizen participation for better public policies" disponible sur le site http://ella.practicalaction.org/wpcontent/uploads/files/130516_CitPar_GOV_GUIDE.pdf consulté en février 2016.

[65] M. Catusse, cité par Irene Bono, *op.cit.* p.6

L'autre mode limite la participation aux organisations de la société civile et autres groupes sociaux. Ce mode est pratiqué dans les autres villes et municipalités de l'Amérique latine telle que Cotacachi en Ecuador, Puerto Asis en Colombie, Montevideo en Uruguay et d'autres du Perou. L'Espagne connaît aussi le même modèle. Mais il a été observé que cette méthode a comme défi majeur le risque pour les participants membres des organisations de promouvoir leurs propres intérêts au détriment des intérêts de la communauté[66]. D'où la nécessité d'intégrer dans le processus tous les autres acteurs qui seraient marginalisés.

Le troisième mode est mixte. Il intègre les participants individuels et les représentants des Organisations. C'est le cas notamment au Cuenca en Equateur et in Villa El Salvador au Pérou. De ces trois modes, lequel a été choisi par les ETD du Sud-Kivu et qui a abouti malgré lui à une faible participation populaire ? En réponse, lire le point D : Faible participation de la population.

A. Non-respect du calendrier du budget participatif

Le processus du budget participatif s'étend sur deux ans. La première année constitue la phase préparatoire, la seconde celle d'exécution, suivi et évaluation des projets votés. Cette conception binaire du budget participatif n'est pas à l'antipode du principe d'annualité budgétaire, chère au budget public. Ce dernier est focalisé sur l'exécution qui doit s'étendre sur une seule année. La préparation pouvant se dérouler sur l'année précédente. Le budget participatif respecte les étapes traditionnelles d'un

[66] ELLA, *op.cit.*

projet de développement à savoir la formulation, l'exécution et l'évaluation.

Au Cameroun, les experts conçoivent le calendrier du BP tel que chaque étape comprenne d'un côté une activité préparatoire du prochain exercice budgétaire, de l'autre, une activité d'exécution, voire d'évaluation de l'exercice budgétaire en cours[67]. Ce calendrier méticuleux constitue un idéal pour une entité candidate au BP. Oser le respecter serait le premier reflet de la réussite dans le Processus.

---

[67] Ce calendrier comprend successivement de Janvier à Décembre les étapes suivantes d'élaboration du BP : Janvier : Mission préparatoire d'information et de cadrage ; Février : Etude du profil de Gouvernance et de la réalisation des DESC et restitution ; Mars : Groupe de travail sur l'élaboration des textes réglementant le BP ; Avril : Réunion d'orientation budgétaire ; Mai : *Formation des animateurs *Atelier d'information et de lancement du Budget participatif ; Juin : Forum de quartiers ; Juillet : Forum des délégués ; Août : Etude de faisabilité des projets retenus ; Septembre : Réunion de la coordination du BP ; Octobre : Assemblée communale du BP ; Novembre : Suivi de l'insertion du BP dans le Budget Communal ; Décembre : Réunion d'information de l'équipe communale. Ces activités constituent les étapes du premier cycle. La même année et simultanément, se déroulent les activités du second cycle qui sont relatives à l'exécution, suivi et évaluation du BP. Ainsi en Janvier : Réunion de la Coordination du BP ; Février : Mise sur pied de l'Observatoire des services sociaux de Base ; Mars : Suivi de la préparation et du lancement de l'appel d'offre ; Avril i : Suivi de la proclamation des résultats, Suivi de la contractualisation, Suivi du lancement des travaux ; Mai, Juin, Juillet, Août et Septembre : Suivi et évaluation des travaux, Rédaction des rapports de suivi ; Octobre : Suivi de la cérémonie de la réception des ouvrages ; Novembre : Evaluation et présentation des bilans. Comment comprendre ces deux cycles ? Soient trois années A, B et C. Nous sommes par exemple dans l'année B. Cette année comprend le premier cycle du BP qui est l'élaboration du budget qui sera exécuté au cours de l'année C. Son second cycle contient les activités d'exécution, suivi et évaluation du BP élaboré tout au long de l'année A. Ce modèle est pratiqué au Cameroun.

Notre constat sur terrain au sein des ETD du Sud-Kivu indique que le Processus débute au quatrième trimestre et exceptionnellement en septembre. Dans la plupart des ETD, jusqu'en Août, elles n'ont posé aucun acte du BP. Elles attendraient les instructions du Gouvernement et de la Province avant de procéder au lancement du Processus. Or, ces instructions du Gouvernement central voire celles de la Province parviennent souvent aux ETD au mois de septembre ou d'octobre. Par exemple la circulaire n° 001/CAB/MINIPLAN/SK/2014 du 22 septembre 2014 portant instructions provinciales relatives à l'élaboration des décisions budgétaires 2015 des Entités territoriales décentralisées de la Province du Sud-Kivu. Ce texte fixe des modalités procédurales pour l'élaboration des budgets des ETD en général et des aspects liés au Budget participatif en particulier. Trois semaines en moyenne après la réception de la Circulaire par les ETD, elles sont invitées au chef-lieu de la Province pour la défense des projets des décisions budgétaires. Ainsi, l'invitation à ces assises et sous-jacente à la circulaire ci-haut date du 27 octobre 2014.

Dans ces conditions, plusieurs ETD qui attendent les instructions pour débuter le processus budgétaire ont moins d'un mois pour toute l'élaboration. Et cela est à l'origine de plusieurs omissions. Ainsi, sur les treize opérations qui figurent sur un calendrier consacré au premier cycle du BP, les ETD « performantes » en ont réalisé plutôt quatre à savoir : la réunion d'orientation budgétaire, le forum de groupement/quartier, le forum des délégués, le forum thématique et l'Assemblée du Budget participatif. Et imaginer que toutes ces étapes se déroulent dans un mois environ !

Certaines ETD focalisent alors leur attention sur le fait que leurs décisions budgétaires doivent être défendues auprès de la Commission budgétaire provinciale. Au lieu d'attacher l'importance à la qualité, à la légitimité, au caractère participatif de ces budgets, dans la précipitation, des ETD présentent à la Commission provinciale des décisions budgétaires incomplètes ou mal formulées. Parmi elles, quelques-unes les élaborent à Bukavu par un expert, à la veille de la défense devant cette Commission. Les délégués de ces dernières ne se gênent pas d'affirmer que leurs budgets ont été participatifs !

Le Gouvernement central aurait aussi une part de responsabilité dans le non-respect du calendrier du BP. D'une par via le retard de transmission des instructions aux provinces et aux ETD, d'autre part à cause des certaines dispositions contenues dans des circulaires se rapportant aux budgets publics. Exemple de circulaire n° 002/VPM-MIN.BUDGET/2014 du 19/06/2014 contenant les instructions relatives à l'élaboration de la loi des Finances de l'exercice 2015. Celle-ci élaborée dans la deuxième quinzaine du mois de juin 2014 serait parvenue aux provinces et ETD entre les mois d'août et septembre de la même année. La raison pour des ETD d'attendre une telle circulaire avant de débuter leur processus budgétaire est qu'elle fixe les plafonds des montants que le Gouvernement entend rétrocéder aux ETD et aux provinces. Et que cette recette couvre une bonne partie de leurs dépenses.

En outre, au regard de la Circulaire n° 002/CAB/VPMBudget/2012 du 7 août 2012 contenant les instructions relatives à l'élaboration du budget de l'exercice 2013, « les provinces et les entités territoriales décentralisées sont invitées à élaborer leurs prévisions en même temps que le pouvoir central, afin de permettre à chaque niveau de pouvoir intégrer les éléments de politique publique sectorielle et du programme d'action du gouvernement suivant l'esprit de l'article 12 relatif aux finances publiques. » Or, le calendrier de cet exercice budgétaire indiquait : du 15 juin au 12 juillet : exercice sur le reflet du programme d'action du Gouvernement au budget, arbitrage sur les parts relatives ; Articulation du cadrage macroéconomique 2013-2015 ; du 26 septembre au 15 décembre 2012 : présentation, examen et vote du projet de la loi des finances 2013 à l'Assemblée Nationale et au Sénat ; du 13 juillet au 5 août 2012 ; finalisation de la circulaire contenant les instructions relatives à l'élaboration du budget 2013, incluant les plafonds indicatifs des recettes et l'enveloppe de 40 % des provinces.

Les ETD devraient commencer le processus d'élaboration de leurs budgets plus tôt que les Gouvernements central et provincial. Non seulement parce que les budgets des ETD doivent être intégrés dans les budgets provinciaux et ces derniers dans le budget central ; mais aussi parce que les ETD doivent élaborer leurs prévisions budgétaires conformément aux principes du Budget participatif. Il leur faut du temps nécessaire de faire participer la population ou ses délégués réels à toutes les étapes. Cependant, les lois et la pratique n'interdisent pas expressis verbis aux ETD de prendre le temps nécessaire au Processus. Il y aurait lieu de débuter en janvier ou en mars au plus tard ; et adapter la proposition budgétaire avec les instructions centrales et provinciales le moment venu.

Au début du Processus en 2011[68], l'on a vu certaines des ETD commencer le processus du BP en février ; et en juin ce fut la défense (conférence budgétaire) des différentes décisions budgétaires devant la commission

[68] L'année 2011 qui marquait la préparation du tout premier exercice budgétaire réputé participatif, a connu une grande médiatisation et l'évaluation mi-parcours de la Banque Mondiale a reposé sur cette période moyennant une conclusion « hâtive » que le BP a été une réussite au Sud-Kivu.

provinciale. Les années suivantes, la conférence budgétaire a toujours été réalisée en novembre ou en décembre. Pire encore, pour l'exercice budgétaire 2017, elle a eu lieu au mois de février 2017 !

Au sein des ETD, à vrai dire, c'est le problème de l'inexistence même d'un calendrier du BP qui s'est posé. Très rare de fois l'on trouvait des activités datées étendues sur cinq mois par exemple. Souvent, c'étaient des activités isolées, une à une, dont l'information pouvait être portée à la connaissance de la population au plus une semaine avant le jour J. Et l'on assistait à des reports. Or, des activités du BP étendues sur un trimestre ou un semestre et dont le calendrier est respecté et publié à temps peuvent permettre aux différents partenaires de s'organiser pour participer. Il faudrait alors éviter des reports qui désorienteraient les uns et les autres face à leurs activités quotidiennes. Il faudra faire comprendre aux chefs d'ETD et à certaines autorités provinciales qu'il est possible qu'ils soient de fois empêchés et qu'une activité prévue ait lieu par leurs intérimaires. Le calendrier du BP devrait en outre être consensuel, être le fruit de la concertation entre les divers partenaires au BP.

B. Renforcement des capacités des responsables des ETD versus population non formée

La volonté de renforcer les capacités de la population et des responsables municipaux en matière d'exécution du budget public en général, et du budget participatif en particulier contribue à la réussite du Processus. En effet, il s'agit de nouvelles méthodes de gestion et qui sans ambages exigent la connaissance avant la pratique et même un renforcement des capacités continu tout au long de l'exercice participatif. Cette nécessité est beaucoup plus prise au sérieux au Maroc.

En effet, « la formation, au cœur notamment du programme transversal de l'Initiative, figure en effet parmi ses objectifs prioritaires : elle permettrait le « développement des capacités locales et de la bonne gouvernance[69] ». En outre, le « renforcement des capacités » est le thème de prédilection des bailleurs de fonds internationaux lorsqu'ils veulent contribuer financièrement à l'Initiative.[70]

Il est donc clair qu'un processus de BP sans formation, sans renforcement des capacités des principaux acteurs et en particulier les citoyens, est sujet aux critiques. Dans un tel parcours, le citoyen serait comparable à un catéchumène qui n'a pas suivi la catéchèse, et qui par conséquent est incapable de répondre à une question élémentaire de la religion : qui est le Christ ?

La Banque Mondiale, à travers son Programme de Renforcement de Capacités en Gouvernance, PRCG a réalisé des formations et renforcement de capacités au profit des animateurs des 8 ETD pilotes depuis 2011 et des 27 ETD qui composent la province du Sud-Kivu à partir de l'année 2015. Cette différence de traitement entre les ETD aurait créé de la jalousie et des frustrations chez les ETD non-pilotes. Les dix-neuf ETD non-pilotes auraient pensé que leurs collègues bénéficiaient des financements de la Banque Mondiale, en espèces comme en appui technique et institutionnel. Et même s'il ne s'agissait que de formations et renforcements de capacités, elles ne se sentiraient pas concernées sous-prétexte qu'elles n'avaient pas été formées aux mécanismes du BP. Les huit ETD pilotes n'auraient pas aussi satisfait à leurs attentes vis-à-vis de la Banque Mondiale. Elles attendaient

[69] Irene Bono, *op.cit.* p.12.
[70] *Ibid.*

d'elle des financements en espèces ou des appuis logistiques importants…

La plupart de ces formations se sont souvent passées à Bukavu et parfois à Murhesa, en Territoire de Kabare. Elles nous ont paru insuffisantes, délocalisées et peu orientées vers les véritables bénéficiaires. En effet, leur fréquence a été d'une à deux séances par an. Le plus souvent chaque ETD y est représentée par quatre personnes dont une de la Société civile et les trois de l'Exécutif local. Dans ces circonstances, la population à la base ne se sentirait pas concernée par cette formation qui s'est déroulée très loin de leurs entités et qui se contenterait d'une simple restitution éventuelle.

Il serait préférable que les formations pareilles se déroulent dans chaque ETD pour que la base se sente concernée et s'implique réellement dans le processus du budget participatif en cours. Elles devraient également impliquer plus d'acteurs aussi bien non étatiques qu'étatiques. En 2015, d'autres formations ont été assurées par le Centre d'Excellence[71], à travers un autre programme de la Banque Mondiale « Projet de renforcement des capacités de gestion des fonctions de base de l'Administration publique », PRC-GAP, en sigle. Ces

[71] Au regard des informations que nous avons recueilli auprès de Monsieur Asclé Mufungizi, Chargé des programmes au sein du Centre d'Excellence, ce centre a été créé par l'UCB en 2009 en vue d'assurer une formation continue dans divers domaines. Il est rattaché à la Faculté d'Economie de l'Université Catholique de Bukavu, UCB. En 2015, le Centre a eu un financement de la Banque Mondiale en réhabilitation et équipement de son bâtiment. La même année, à travers le PRC-GAP, la Banque Mondiale a financé les formations assurées par le Centre d'Excellence au bénéfice des gestionnaires des ETD en ville comme dans des territoires, voire au profit de certaines entités ou services déconcentrés. C'est ainsi que le Gouvernement provincial avait sollicité le Centre d'Excellence pour assurer ces formations axées sur la planification et la Budgétisation participative.

formations ont été réalisées non seulement dans la ville de Bukavu mais aussi dans 5 territoires du Sud-Kivu à savoir Kabare, Walungu, Kalehe, Idjwi et Uvira. Ceci aurait répondu à votre vœu de voir les renforcements des capacités se dérouler dans les ETD pour rapprocher la formation des bénéficiaires. Mais les invités aux séances de formation demeuraient les Animateurs des ETD voire des Entités déconcentrées. La Société civile y était toujours minoritaire, voire même en nombre insignifiant comme dans les formations précédentes.

Mais appartient-il au PRCG ou au PRC-GAP d'être présent dans chacune de 27 ETD et y organiser des formations sur le BP ? Il nous semble que les ETD aient consenti le monopole d'information et formation sur le BP à la Banque mondiale. Elles ne développent pas de système local de sensibilisation et renforcement de capacités dans un contexte où très peu d'habitants des ETD connaissent le processus du BP.

Dans quelques ETD telles que les Chefferies de Ngweshe et Kabare, en plus de la Banque Mondiale, certains partenaires extérieurs ont intervenu dans le renforcement des compétences aux mécanismes du BP. Exemple de DAI pour Ngweshe ; IFDP et CRONGD pour Kabare. L'Université Catholique de Bukavu à travers le Centre d'Excellence a également réalisé des formations sur le thème du Budget participatif au profit majoritairement des Étudiants,…

Remarquer qu'à part l'appui de la Banque Mondiale les Entités Territoriales Décentralisées n'ont pas elles-mêmes renforcé leurs capacités via le Centre d'Excellence. Deux facteurs limiteraient l'accès à ce centre. D'abord, le fait que c'est chaque entité ou service étatique donné qui, ayant éprouvé le besoin d'être formé, paye à l'Université catholique de Bukavu la formation de ses agents. Les organisations qui ont acquis la mauvaise habitude d'attendre des formations gratuites des ONG ou d'autres structures négligeraient cette formation. En second lieu, la faible volonté politique des autorités provinciales et locales aurait empêché le bénéfice de la formation à la Société civile. Les ETD devraient être les leviers de leurs propres changements.

Tout en capitalisant les partenariats extérieurs, les ETD devraient orienter des fonds vers la formation des leaders locaux qu'elles enverraient dans les groupements et quartiers voire dans les villages et avenues afin d'assurer le renforcement régulier des capacités. Ces leaders devraient être dotés des moyens de leur politique pour attiser leur courage et contribuer à la réussite du programme. Un processus du BP sans renforcement des capacités est pareil à un corps humain privé d'un de ses membres. Le manque de formation de la population au BP a eu de l'impact négatif sur la mobilisation populaire.

C. Faibles mécanismes de mobilisation populaire

Le processus du BP, par souci de transparence et redevabilité, exige des gestionnaires de recourir à tous les moyens de communication possibles afin que l'information et le feed-back parviennent aux parties prenantes. Cette exigence est d'une certaine manière contenue dans l'arrêté provincial sur le budget participatif. En effet « les Entités Territoriales Décentralisées et leurs administrations locales sont obligées d'utiliser les moyens à leur portée pour obtenir des citoyens l'information opportune et adéquate sur tout le processus de programmation participative du Budget et de l'exécution de la dépense publique[72] ».

[72] Article 16 de l'arrêté provincial sur le BP au Sud-Kivu

Le premier exercice budgétaire tel que préparé en 2011 a connu l'utilisation des Sms comme principal moyen de mobilisation citoyenne dans les trois communes qui constituent la vile de Bukavu : Ibanda, Kadutu et Bagira. Or, cet outil s'est limité à cette première année d'expérience du BP. La raison brandie par des responsables d'ETD est le coût élevé des Sms auprès de l'entreprise Airtel partenaire dans le processus. Pourtant, d'autres pays d'Afrique ont expérimenté ce mécanisme et en ont fait leur outil primordial de mobilisation. Pourquoi dans la Province du Sud-Kivu en RDC cet outil a été sitôt abandonné malgré son exaltation par l'évaluateur de la Banque mondiale ?[73] L'absence de ce mécanisme ne réputerait-elle pas le Processus interrompu ?

Dans ses recherches, Arch. Giovanni Allegretti aurait recueilli 82 % de recommandations relatives au renforcement de l'usage de l'ICT[74] (Information and communication Technology). Il a affirmé que l'ICT sera très important à l'avenir comme principal outil de contrôle citoyen de la mise en œuvre du BP[75]. Cet évaluateur donne le chiffre de 22,49 % comme moyenne d'habitants des communes d'Ibanda, Kadutu et Bagira à qui ces communes ont envoyé le sms d'information sur l'organisation de leurs Assemblées respectives du BP. Il est utile de s'interroger sur la crédibilité du processus en l'absence de cet outil ICT indispensable. Quel niveau de mobilisation atteindrait les ETD à travers les systèmes traditionnels tels que les invitations, les communiqués à la

[73] Lire World Bank Institute, *ICT in Governance – Where are the results? How can we move to more rigorous evaluations in this field? A discussion on the example of ICT-mediated Participatory Budgeting in the DR Congo* (Arch. Giovanni Allegretti, Center for Social studies-University of Coimbra).
[74] *Idem.*
[75] *Idem.*

radio, parfois à l'Église et de fois des affiches au bureau de l'ETD ?

Concernant les réunions dans les avenues et quartiers ; les villages et les groupements ; nous avons constaté que ce sont les cadres de base (une catégorie des acteurs étatiques au niveau local) qui étaient responsables d'invitation des participants aux forums. Le fait de confier à des acteurs étatiques seuls la tâche de décider qui et comment inviter les participants leur laissait une marge d'exclusion de certaines forces dynamiques et crédibles au profit des proches, parfois de personnalités sans apport significatif. À l'exemple de la réunion du 6 août/2012 portant identification des priorités de la population dans la Cellule Route d'Uvira, en commune d'Ibanda. Cette rencontre du BP a connu seulement sept participants et curieusement parmi eux six étaient des acteurs étatiques et un seul de la Société civile.

À l'avenir, il faudra associer des leaders locaux ou représentants des habitants à la préparation même de tout forum participatif. Sur toute invitation portant sur le B.P, il faudra retrouver les indications suivantes : « l'Administration de l'ETD ou du groupement/quartier et la Société civile vous invitent… » La chefferie de Kabare a été parmi les rares à responsabiliser la Société civile la mobilisation des participants dans les forums de groupement. Mais faudra-t-il donner à la représentation de la Société civile les moyens nécessaires à l'organisation de ces forums. Les communiqués à la radio et dans les Églises devront être lus au moins une semaine avant et une autre fois à la veille pour rappel.

Nous recommandons également l'usage de calicots. Ceux-ci sont à même de grande mobilisation. Au moins trois semaines avant le forum ou l'Assemblée du BP, placer des calicots à des endroits stratégiques, c'est-à-dire fréquentés par la majorité des habitants de l'ETD.

La sensibilisation porte à porte serait aussi possible et nécessaire. Il est vrai qu'elle s'adapterait mieux en milieu urbain qu'en milieu rural pour raison de proximité des ménages. Cependant, en ville comme à la campagne, le secteur de la santé a démontré qu'il est possible d'atteindre chaque ménage. Ceci a été expérimenté au cours des campagnes des vaccinations, ainsi que lors des distributions des moustiquaires imprégnées d'insecticides. Pourquoi n'aurait-on pas fait autant dans le processus du BP ? Pour les ETD Chefferies et Secteurs, des usages traditionnels de mobilisation seront aussi mis à contribution.

Par ailleurs, les ETD urbaines peuvent expérimenter la communication via internet. Le message téléphonique devra revenir dans le système. Non pas seulement au profit des habitants des ETD urbaines mais aussi ceux des milieux ruraux. Sur base de notre connaissance des territoires de la Province du Sud-Kivu, nous réfutons la thèse selon laquelle le mécanisme de Sms dans le processus du BP serait infructueux en milieu rural. D'abord, la plupart de ces entités sont actuellement arrosés par les réseaux soient Tigo, Orange, Vodacom ou Airtel. Ensuite, la convocation des réunions via le Sms en plus des invitations jalonne les activités des ONG à la base. En outre, bien que le souhait soit la participation de tous les habitants du milieu dans le Processus, le constat est que les participants demeurent ceux-là qui s'impliquent traditionnellement dans les projets de développement dans leurs communautés. Ils sont souvent des lettrés ou ont une connaissance d'usage des Sms au téléphone.

D'autres habitants seraient mobilisés par les autres outils selon leur niveau d'instruction. Et même, pour les uns et les autres, intellectuels ou non ; le Processus du BP repose sur le renforcement continu des capacités des partenaires. Des citoyens disponibles pour apprendre le mécanisme de communication et vote par Sms seraient alors formés. Le projet « Femme au phone » prouve qu'il est possible de communiquer efficacement par Sms en milieu rural. Femme au phone (FAF) est un espace d'information sur les femmes, la sécurité et la paix au Sud-Kivu. Le système FAF est basé sur des Sms envoyés par les femmes depuis les territoires du Sud-Kivu[76]. La Province du Sud-Kivu, ou une ETD quelconque peut s'inspirer de cette expérience et tenter l'utilisation du Sms dans le processus du Budget participatif en milieu rural.

En somme, l'ICT sous ses formes diverses demeure indispensable dans le processus du BP au Sud-Kivu. Il suffit la volonté politique de redevabilité et transparence dans le chef des responsables des ETD pour oser et en récolter les fruits. Des systèmes de mobilisation efficaces ont permis aux autres municipalités du monde de réussir l'adhésion massive des citoyens au processus du BP. Ci-dessous ces exemples.

- **Expérience de mobilisation des populations à Villa El Salvador au Pérou :**

A Villa El Salvador (Pérou), la consultation des citoyens s'est déroulée à travers un referendum municipal sur les priorités du plan de développement qui a précédé le lancement du BP en 1999. Les efforts déployés pour informer chaque citoyen ont été énormes ; des milliers de brochures ont été imprimées et distribuées dans chaque maison, les jeunes ont été mobilisés par les différentes ONG, des spots radio et des sketches ont été créés et diffusés afin de sensibiliser les populations. Les résultats

[76] Plus d'information sur le site www.femmeaufone.net.

positifs ont été à la hauteur des efforts puisque plus de la moitié de la population a voté pour ses priorités.[77]

- **Expérience de mobilisation des populations dans les municipalités brésiliennes** :

À travers la « Fiche d'information et de mobilisation du public pour le BP », les municipalités brésiliennes ont utilisé plusieurs canaux de communications après en avoir effectué une étude minutieuse de leur disponibilité dans les communes ciblées. Ces outils sont : Presse locale, Radio, Véhicule équipé de haut-parleurs, Courriers de masse, Affiches, Brochures, dépliants, invitations, communication en plein air, télévision, Institutions publiques et culturelles (écoles, églises, théâtres[78]). La plupart de ces moyens de mobilisation n'ont pas été utilisés au Sud-Kivu comme déjà dit ci-haut. Et cela constitue l'un des facteurs de la faible participation de la population au Processus.

D. Faible participation de la population

La Province du Sud-Kivu a opté pour la participation représentative. On peut le remarquer à travers le contenu de l'article 9 de l'arrêté provincial sur le BP. En effet, l'Assemblée de l'Entité territoriale décentralisée du Budget participatif comprend : les élus du peuple de

[77] Rapport du séminaire international « Budget participatif dans le contexte bolivien » cité par Un-Habitat, *op.cit*, p. 74.
[78] *Source: étude FNPP : « Expérience des budgets participatifs au Brésil », cité par* Un-Habitat, *op.cit.* p. 55.

l'Entité ; l'Exécutif de l'Entité territoriale décentralisée ; les délégués des forums choisis ; les partenaires de l'Entité Territoriale Décentralisée ; toutes autres personnes invitées par le Responsable de l'Entité Territoriale Décentralisée. Les autres instantes sont également représentatives.

En effet, au regard du même article, les forums des quartiers ou des groupements sont composés : des associations œuvrant dans les quartiers, des institutions religieuses, des chefs de ménage du quartier, des comités de développement, les associations de jeunes des quartiers concernés etc. L'énumération des catégories de participants au forum de groupements/de quartiers n'est pas limitative. Elle l'est cependant pour la participation à l'Assemblée du BP. Elle est ainsi de nature à amoindrir la légitimité des investissements votés. Elle limite en outre les bonnes initiatives des citoyens moyens épris d'envie de participer car l'invitation est soumise à la volonté du chef de l'ETD. Il s'agit d'une participation sous surveillance. Elle viole l'article 17 de la loi organique n° 08/016 du 07 octobre 2008 portant composition, organisation et fonctionnement des Entités Territoriales Décentralisées et leurs rapports avec l'État et les Provinces. Il stipule : « les séances du Conseil urbain sont publiques, sauf si le huis clos est prononcé. Elles sont obligatoirement publiques lorsque les délibérations portent sur le budget, les taxes, les emprunts et les comptes ». Cette disposition s'applique mutatis mutandis aux Conseil de secteur et de Chefferie sur base des articles 53 et 77 de la loi susvisée.

Le Responsable de l'ETD n'alléguerait pas l'inexistence du Conseil de l'ETD pour se soustraire à cette obligation. Si l'on considère le rôle de l'Assemblée de l'Entité territoriale décentralisée du Budget participatif à savoir débattre et arrêter les principales priorités à inscrire au Budget de l'Entité territoriale décentralisée ; l'on comprend la nécessité d'une participation qualitative et quantitative. D'où il faille inviter via tous les moyens possibles, non seulement les organisations de la Société civile mais aussi toute personne de l'entité qui désirerait participer.

Il nous semble que le vocable *Société civile* ait été mal appréhendé par certains responsables des ETD. Ils ont fait participer le noyau de la Société civile dans le territoire ou dans le groupement et ont prétendu que la Société civile a participé. Pourtant en parlant de la Société civile, il faut entendre non seulement ces représentants mais aussi toutes les organisations sociales, religieuses, syndicales, scientifiques, culturelles…

Par ailleurs, la participation du chef de chaque ménage inscrite à l'article 9 de l'arrêté provincial sur le BP constitue une excellente évolution du droit représentatif. Si ce mécanisme était appliqué, il serait proche de la participation universelle et directe et comblerait les lacunes de la participation représentative.

En pratique, la participation a été faible à cause de quatre facteurs qui sont : manque de formation de la population aux mécanismes du BP, non-respect du calendrier du processus du BP, éloignement des lieux de vote des priorités, faible moyen de mobilisation populaire.

L'éloignement des lieux de forums du BP des milieux de vie de beaucoup d'habitants de l'Entité a amoindri la participation. Certains chefs lieux des chefferies, des secteurs voir des groupements sont éloignés des grandes agglomérations. C'est le cas des chefferies de Bafuliru, Buloho, secteur de Nganja… Ils auraient malgré tout tenu des rencontres du « BP » aux chefs lieux et sans payer les frais de transport aux participants, échappant ainsi à leur obligation réglementaire.

Il est important que les ETD organisent les forums du BP à des endroits qui constitueraient les centres pour la plupart des participants. Des endroits mieux accessibles. Dans toutes les circonstances, c'est la participation significative de la population qui doit être recherchée. Le BP n'est pas un cadeau de l'autorité aux citoyens mais son devoir d'associer cette population à la gestion de ce qui lui est dû. Toutes les couches sociales doivent être consultées moyennant une attention particulière aux groupes vulnérables ou souvent oubliées dont les femmes.

E. Participation insignifiante de la femme

Dans la plupart d'ETD, l'implication de la femme dans le processus du BP a été insignifiante : moins de 7 %[79]. L'insuffisance de participation de femmes dans les ETD a été confirmée et déplorée par des responsables des ETD et ceux de la Société civile locale. La raison serait le manque de sensibilisation et de stratégies d'implication de la femme. Sa contribution aurait pu être capitalisée via les forums thématiques. Malheureusement ces derniers n'ont pas été organisés dans beaucoup d'ETD.

Pourtant l'apport de la femme à l'édification de la bonne gouvernance a été jugé indispensable par des législateurs tant internationaux, régionaux que nationaux et par la doctrine. En effet, la Charte africaine de la Démocratie, des Élections et de la Gouvernance dispose : « Les Etats partis reconnaissent le rôle vital des femmes dans la promotion et le renforcement de la démocratie[80] ».

---

[79] Nous avons eu ce pourcentage, en considération d'un échantillon 9 ETD sur 27. Nous avons alors analysé leurs listes de participants aux assemblées générales du Budget participatif. Nous avons en outre recueilli des avis de certains leaders de la Société civile et de certains responsables des ETD.

[80] Article 29:1 de Charte africaine de la Démocratie, des élections et de la Gouvernance, adoptée par la 8e session ordinaire de la Conférence tenue le 30 janvier 2007 à Addis Abeba.

De même, l'article 7 de loi sur la parité en RDC stipule : « les politiques et les programmes économiques de développement du pays sont élaborés et mis en œuvre en tenant compte de la parité homme- femme. Ils assurent à tous l'égal accès aux ressources et avantages consécutifs. Le secteur privé promeut, en son sein, la participation de la femme aux instances de prise de décision[81] ».

L'on sent le souci du législateur de faire jouir paritairement aux femmes et hommes les fruits de développement et de manière particulière la participation associative. Mais c'est très simpliste. Dans les domaines différents, il faillait prévoir des mécanismes clairs d'implication de la femme.

Par ailleurs, Irène Bono a remarqué qu'au Maroc, l'intégration de la femme par l'« approche genre » fait désormais partie du bagage des compétences demandées aux acteurs participatifs[82]. Ainsi, l'accès au financement du Gouvernement via l'INDH est soumis à entre autres conditions, l'intégration genre au sein de l'association candidate bénéficiaire. C'est un élément de viabilité même de l'association. Mais Irène Bono constate en même temps ceci : « la sélection de femmes bénéficiaires d'activités génératrices de revenus peut alors devenir une garantie de conformité aux principes de la lutte contre la discrimination, un moyen pour assurer la performance de l'association, sans que cela ne change évidemment rien au rôle de la femme dans la société. Elle peut même correspondre à une simple instrumentalisation[83] ».

---

[81] Article 7 de loi n° 15/013 du 1er août 2015 portant modalités d'application des droits de la femme et de la parité. In journal officiel de la République démocratique du Congo, n° 16, 56e année, Kinshasa, le 15 août 2015.

[82] Irene Bono, *op.cit*, p.28.

[83] *Idem*, p. 29.

Voilà ce qu'il faut éviter dans le processus participatif. Beaucoup d'initiatives publiques en Afrique sont victimes de récupération politicienne. Et comme la majorité de cas d'analphabétisme se situe dans la population féminine, les femmes sont souvent à la risée des politiciens. En revanche, dans les programmes de développement participatifs, la participation de la femme doit être quantitative et qualitative. Cela impliquerait qu'elle ait été bien formée au départ sur les enjeux du processus participatif.

Dans le cas des ETD du Sud-Kivu où la participation semble encore obéir à la volonté de l'autorité publique qu'à la spontanéité de chaque participant, la méthode d'invitation devait cibler plus de femmes que d'hommes. Et en général, en vue d'accroitre la participation de la femme ; les sensibilisations devraient être organisées dans les milieux de vie des femmes, là où elles sont le plus nombreuses : à l'Eglise, dans les Communautés Ecclésiales vivantes ; dans leurs associations, à la Maternité… Les sensibilisations et les forums participatifs devront tenir compte de l'emploi de temps de ces femmes. En outre, il sera nécessaire de tenir les forums à un endroit qui n'exigerait pas des participants de parcourir beaucoup de kilomètres pour y arriver. Enfin, il faudra imaginer un mécanisme de motivation susceptible de mobiliser les femmes. Le Maroc nous servirait d'exemple.

Dans le processus du BP tous azimuts, le Maroc a conçu un mécanisme de mobilisation de masses autour d'un intérêt économique. Cela dans un objectif d'inciter les participants à se regrouper, à produire pour eux-mêmes et pour leur Entité. Il s'agit des activités génératrices de revenus, chères à l'INDH. C'est la mise en œuvre de ce qu'Irène Bono appelle « citoyenneté par performance » dans l'analyse du phénomène participatif au Maroc. « La conjugaison entre la citoyenneté et la performance amène ainsi à concevoir la participation comme une fonction du développement : elle répond à une logique d'inclusion dans l'économie de marché par le biais de la responsabilisation individuelle »[84].

Cette conception de développement par une large implication de la Société civile fructueuse a été jugée porteuse de croissance économique. L'on quitte de l'association consommatrice à l'association productrice. Et l'État est le premier partenaire à contribuer à son initiative. L'État demande à toutes les associations de se former en coopératives et leur octroie des crédits afin de mener des activités génératrices de revenus. Il s'agit d'un véritable intérêt qui éveille la participation des citoyens à la prise de décision non seulement dans leurs organisations respectives mais surtout dans les programmes du gouvernement au niveau local, en occurrence, le BP.

Appliquée au Sud-Kivu, une telle politique attirerait un nombre croissant de femmes. En effet, c'est depuis de longes années que des mamans du Sud-Kivu essaient de se constituer en groupes de solidarité tels que les MUSO : Mutuelles de Solidarité ; dans des coopératives agricoles ou dans des Associations villageoises d'Épargne et de Crédit, AVEC en sigle. De telles associations sont celles qui mobiliseraient plus de femmes, et même d'hommes. Malheureusement, les autorités politiques ne se sont jamais impliquées dans cette approche.

F. Non participation d'autres groupes marginalisés

L'inclusion des groupes marginalisés a toujours été une préoccupation des programmes de développement. Elle est souvent intégrée dans les politiques publiques en vue de

[84] *Idem*, p.8.

réduire la pauvreté. D'ailleurs l'inclusion est l'un des principes fondamentaux de la Gouvernance. Pour Jules Dumas Nguebou, « cela suppose également que des politiques publiques actives en faveur de l'intégration des groupes exclus ou marginalisés soient mises en place. Cette non-discrimination doit s'appliquer explicitement à réduire les inégalités entre les hommes et les femmes, entre la population urbaine et rurale ou encore entre les groupes ethniques[85] ». Au nombre des groupes marginalisés citons aussi les jeunes, les adolescents, les orphelins, les personnes de 3ème âge, les minorités, les personnes vivant avec handicap, les personnes vivant dans des zones enclavées ou éloignées des lieux de prise de décision et les agglomérations pauvres en général.

Voilà pourquoi le législateur régional statue : « les Etats partis font la promotion de la participation des groupes sociaux ayant des besoins spécifiques y compris les femmes et les personnes vivant avec handicap au processus de gouvernance. »[86] Dans le processus du BP au sein des ETD du Sud-Kivu, les marginalisés n'ont pas été pris en compte. Le Processus se serait déroulé selon le mode normal des rencontres tenues par les autorités locales. Plusieurs villages n'ont jamais exprimé leurs besoins simplement parce qu'ils sont éloignés du chef-lieu de l'ETD. Or, ceux-là devraient être priorisés à cause de leur vulnérabilité liée à la quasi-absence de l'État dans leurs contrées.

---

[85] Dumas Nguebou (Jules), *Gouvernance locale et Budget Participatif ; Manuel de formation, A l'usage des animateurs des universités itinérantes citoyennes (UIC)*, Editions du CRDL, Yaoundé, Avril 2013, P.14.

[86] Article 31 de la Charte africaine de la Démocratie, des Elections et de la Gouvernance adoptée la 8e session ordinaire de la Conférence tenue le 30 janvier 2007 à Addis-Abeba.

III. Réalisation des investissements

La réalisation des investissements au sein des ETD du Sud-Kivu a été tributaire de manque de plan de développement local pour la plupart, l'ambiguïté sur la fixation de la part de budget alloué aux investissements, l'inattention des acteurs sur les entités ou les personnes les plus pauvres, la fraude et l'évasion fiscale. Malgré ce contexte macabre, quelques investissements ont été réalisés par certaines ETD.

A. Budget participatif sans plans de développement local

En 2011, au début du processus du Budget Participatif au Sud-Kivu, sur les 27 ETD de la province, seules les chefferies de Luhwinja, Burhinyi et Ngweshe disposaient des plans locaux de développement. Elles seront rejointes en 2013 et 2014 par les chefferies de Kabare, Kaziba et Rubenga. Or, aux termes des articles 10 et 11 de l'arrêté provincial n° 12/031/GP/SK du 5 octobre/2012 portant institution du budget participatif dans les entités territoriales décentralisées de la province du Sud-Kivu, « chaque ETD est tenue d'élaborer son plan de développement qui devra être dynamique selon l'évolution du contexte du milieu. La programmation participative doit prendre comme base le plan de développement de l'Entité territoriale décentralisée en tant qu'instrument d'orientation de l'investissement, de l'attribution et de l'exécution des ressources ainsi que la gestion individuelle et collective, des organisations sociales, des organismes et institutions publiques ou privées promotrices du développement ».

Le plan de développement local doit être la référence, le fil conducteur de toutes les actions de développement dans une ETD. Mais remarquer même que ces plans de développement local existants ont rarement été mis en œuvre. C'est ce qu'aurait reconnu le chef de chefferie de Ngweshe, Sa Majesté Mwami Ngweshe Weza III, en ces termes : « Nous avons déjà des plans de développement qui avaient été proposés, qui jusqu'à présent évidemment n'étaient pas mis en place comme il faut...[87] ». Certaines ETD malgré qu'elles aient élaboré des plans de développement local, ils n'ont presque pas été mis en œuvre ou simplement les prévisions en investissements n'ont pas été établies sur base de ces plans. En plus, la plupart de ces outils ont été mis sur pied sur financement et expertise extérieurs. L'on comprend que l'expertise extérieure était nécessaire suite à la nouveauté du mécanisme du BP dans les ETD. Mais il était attendu que le financement provienne des ETD.

En effet, les ETD disposent des budgets propres censés être généralement financés par des ressources propres. Au fil de temps, les expertises locales devraient être développées. Mais fort est de constater que cet aspect n'a pas encore était pris au sérieux par la majorité des ETD. Le budget participatif bannit la paresse et l'attentisme. Il se nourrit de courage et de créativité.

B. Part du budget alloué aux investissements

Les ETD du Sud-Kivu ont été instruites par le Ministère du Plan et Budget de consacrer aux investissements, plus de 25 % de leurs dépenses

[87] Information captée à la Radio Maendeleo le 22 Juin 2016 dans la rubrique « Invité du jour » : interview accordée par le Chef de Chefferie de Ngweshe à l'occasion de l'atelier que sa Chefferie a organisé à Bukavu et portant sur l'élaboration d'un plan de redressement pour le développement de la Chefferie de Ngweshe.

globales[88]. Cette instruction n'a pas été respectée par beaucoup d'ETD. En effet, dans sa correspondance du 28 février/2014 adressée au Ministre Provincial Plan et Budget[89], le Gouverneur de Province du Sud-Kivu, son Excellence Marcellin Cishambo Ruhoya a constaté : « une importante partie de la rétrocession allouée aux ETD est affectée à la rémunération du Personnel et au fonctionnement. Cet acte étant contraire aux instructions relatives à l'utilisation de la rétrocession, je demande aux ETD qui me lisent en copie de l'affecter désormais entièrement aux investissements, les autres dépenses de l'entité devant être couvertes par leurs recettes propres dont la mobilisation doit être une de leurs actions prioritaires[90] ».

Peu après, cette position du gouverneur de Province a été contredite par son ministre des Finances, de l'Economie, du Commerce et de l'industrie, madame Adolphine Idumbo Achila : « [...] la totalité des recettes propres de l'Entité réalisées au courant du mois doit faire partie du plan de trésorerie au même titre que la quotité des recettes à caractère national (Rétrocession). Cet ensemble de recettes sert à la couverture de l'ensemble de

[88] Point 8 de la circulaire n° 02/MINIPLAN et BUDGET/2011 portant instructions relatives à l'élaboration des prévisions budgétaires des Entités territoriales décentralisées de la Province du Sud-Kivu pour l'exercice 2012.

[89] Le poste est intitulé « Ministre Provincial du Plan, Budget et du Suivi de la mise en œuvre de la Révolution de la Modernité ». En 2011 lors de la signature de la circulaire susvisée, il était dénommé « Ministre Provincial du Plan et du Budget, Porte-parole du Gouvernement ».

[90] Lettre n°01/101/CAB/GOUPRO-SK/2014, objet : Rapport sur l'utilisation des Rétrocessions par les ETD.

dépenses du budget de l'Entité territoriale décentralisée, et doit être justifié comme tel[91] ».

Mais le Gouverneur de Province a réitéré son instruction aux ETD en ces termes : « Ce que vous recevez comme rétrocession, c'est essentiellement l'investissement [92] ». Finalement, quel est le pourcentage du budget qui doit être alloué au BP ? Qu'en disent les expériences dans le monde ?

Noter de prime abord que les deux positions ci-haut manquent de cohérence. Elles sont d'ailleurs contradictoires. Ce qui est de mauvais augure pour deux autorités d'une même institution : le Gouvernement provincial. En outre, cela est de nature à créer de l'ambiguïté dans le chef des responsables des ETD. D'un côté, ils opteraient pour l'instruction du Gouverneur de Province pour deux raisons ci-dessous évoquées.

La première raison, le Gouverneur de Province est l'autorité de tutelle des ETD. Il exerce le contrôle a priori et a posteriori sur leurs actes. Agir contrairement à ses décisions dans ces cas exposerait les actes concernés au

---

[91] Correspondance N° 059/CAB/MIN/FIN-ECO-COMM-INDU/SK/2014 du 07 mai 2014, du ministre des Finances, de l'Economie, du Commerce et de l'Industrie, adressée aux Chefs des Entités territoriales décentralisées de la Province du Sud-Kivu. Concerne : Etablissement du plan de trésorerie mensuelle. Comme l'a rappelé madame le Ministre, cela est conforme à la loi n° 11/011 du 13 juillet 2011 relative aux finances publiques. Cette loi est disponible sur le site
http://www.leganet.cd/Legislation/Droit%20Public/compta/Loi.11.011.13.07.2011.htm.

[92] In Discours d'ouverture du Gouverneur de Province du Sud-Kivu, son Excellence Monsieur Marcellin Cishambo, atelier portant conférences budgétaires des ETD du Sud-Kivu, exercice 2015, organisé par le Ministère du Plan et Budget avec l'appui financier du Programme de Renforcement de Capacités en Gouvernance, un programme de la Banque Mondiale ; à l'hôtel Mont Kahuzi du 2 au 8 décembre 2014.

rejet. Cependant, la loi reconnaît à l'ETD le droit de recours devant la Cour administrative d'appel. Mais il n'est pas de coutume dans les ETD de saisir la juridiction contre son autorité hiérarchique ou tutélaire. Ce serait un conflit délicat, bien que cela doive être encouragé si l'on aspire à un État de Droit.

La seconde raison est que le *Gouverneur de Province représente le Gouvernement central en province*, bien qu'il soit en plus l'autorité de la province et soumis au principe de libre administration des Provinces[93]. La décision d'affecter la totalité de la Rétrocession aux investissements dans les ETD est considérée comme émanant de l'Exécutif national. À la limite, elle aurait été entérinée par lui. Par conséquent, l'acte contraire à cette décision du Gouvernement central exposerait un ETD à la privation de la rétrocession bien qu'injustifiée.

D'un autre coté, certains responsables des ETD, soucieux du respect de la loi, opteraient pour la décision du Ministre provincial de Finances. En effet, obliger aux ETD d'affecter aux investissements les recettes à caractère national contredirait le principe de l'universalité budgétaire ci-haut évoqué par le Ministre provincial des Finances. Ce rappel à l'ordre légal est une mesure administrative justifiée par la loi. La décision du Gouverneur elle, est purement politique. Et elle n'est pas du tout réaliste. En effet, si chacune des ETD doit affecter aux projets d'investissement tout le montant rétrocédé par le Gouvernement central, il y en a plusieurs qui cesseraient

[93] Article 63 de la loi portant libre administration des provinces. In République Démocratique du Congo, Ministère de la Décentralisation et aménagement du Territoire ; Cellule Technique d'Appui à la Décentralisation, CTAD, *Recueil des textes légaux et réglementaires sur la décentralisation en République Démocratique du Congo*, vol. I, Kinshasa, juillet 2008.

de fonctionner. Car elles comptent à environs 70 % à cette rétrocession.

Il est vrai qu'exiger des ETD l'affectation de la totalité de la rétrocession est incitatif à la mobilisation des recettes locales. Mais comment, in concreto ? L'autorité provinciale aurait plutôt accompagné les ETD dans la création des richesses au niveau local. En particulier, promouvoir le contrôle par les pouvoirs publics et le contrôle citoyen susceptibles d'arrêter l'hémorragie financière qui mine les ressources locales et d'autres, et qui engage la responsabilité du Gouvernement tant national, provincial que local. De même, exiger des ETD d'affecter au moins 25 % de leurs recettes aux dépenses d'investissement n'est guère une garantie de promotion du BP. Et cette mesure qui vient du Gouvernement provincial ne serait pas aisément appliquée par des ETD. De préférence, une mesure prise à la base et contenue dans l'ensemble de règles de jeux consensuelles édictées dans le cadre du BP, aurait plus de crédibilité.

Le principe de volontariat soutenu par la volonté politique crédite le processus du BP. On a vu en Amérique Latine des budgets participatifs financés à la hauteur de 3 à 15 % des dépenses globales du Budget, d'autres à la hauteur de 58 %. En particulier, dans la petite municipalité brésilienne Mundo Novo, les citoyens décident sur la totalité du montant du budget de l'entité.[94]Il s'agit de la forme la plus avant-gardiste du budget participatif qui, en outre, démontre que le budget communal peut faire l'objet d'un débat public – y compris le salaire du maire.[95] C'est l'application réelle du principe « démocratiser radicalement la démocratie », cher à Jules Dumas Nguebou.

---

[94] ELLA, *op.cit.*

[95] Un-Habitat. *op.cit.*p.42.

En définitive, le pourcentage du budget à affecter aux investissements ou de manière générale celui devant être débattu par les citoyens « dépend du contexte local, en particulier de la volonté politique de la municipalité et de la pression populaire. Dans certaines villes, ce pourcentage augmente régulièrement d'année en année, à mesure que l'expérience s'enracine et que les participants, autant les politiciens que les populations, prennent confiance. Toutefois, l'expérience et l'intérêt des citoyens s'accroîtront proportionnellement à la part de budget débattue[96] ».

Une telle progression ne serait pas attendue pour le cas du Sud-Kivu. Car, le Processus tant vanté par les autorités dégringole du jour le jour. Et l'inefficacité du contrôle est de nature à empêcher un chercheur d'indiquer avec précision le réel pourcentage affecté aux besoins sociaux au-delà des chiffres miroités par les ETD. Quoiqu'il en soit, l'on a noté quelques réalisations des investissements dans certaines ETD.

C. Quelques investissements réalisés

À vrai dire, bien que les résultats soient insuffisants, les mécanismes du Budget participatif ont poussé certaines ETD à réaliser quelques investissements. C'est le cas notamment des communes d'Ibanda et Kadutu ainsi que des chefferies de Kabare, Luhwinja, Kaziba et Rubenga.

En effet, la commune d'Ibanda a réalisé la construction des escaliers, de petits ponts, la réhabilitation de la maison communale, des bureaux de quartiers… ; la commune de Kadutu a plus investi dans l'embellissement des certains ronds-points, la construction d'un terrain de basket-ball ; de quelques petits ponts, de bureaux de certains

[96] *Idem*, p. 43.

quartiers… La chefferie de Kabare quant à elle a réalisé la construction des bureaux de certains groupements, l'acquisition des équipements informatiques et la réhabilitation des certains bureaux de la chefferie, l'achat des motos pour des chefs des groupements, la réhabilitation de quelques tronçons routiers, la contribution à la réhabilitation du port de Birava, la contribution à la réhabilitation de quelques marchés et écoles, la construction d'un centre de santé… Pour sa part, la Chefferie de Luhwinja a réhabilité des écoles, quelques petits ponts, des bureaux de la chefferie ; a acquis des équipements informatiques, réhabilitation de quelques tronçons routiers… La chefferie de Kaziba a réhabilité quelques petits ponts, quelques écoles ; a acquis un matériel roulant pour ses besoins de mobilité, équipé les bureaux de la Chefferie, contribué à l'adduction d'eau… En fin, la Chefferie de Rubenga a construit le bureau du groupement Kihumba, réhabilité quelques tronçons routiers, mis sur pied un cyber café/internet public, construit un guest house pour financer des activités de la Chefferie, …

Cependant, dans la plupart de cas, les dépenses déclarées à l'issue de ces travaux étaient loin de refléter la réalité, tant elles étaient exagérées. Nous avons vu des pancartes « Pont X réhabilité par la Commune X dans le cadre du BP ».La transparence exige que sur cette pancarte figure également le coût des travaux. Exigence à laquelle les ETD se sont dérobées. Et on en comprend la raison. La qualité des ouvrages réalisés n'a pas aussi été satisfaisante dans la plupart des cas.

Selon certains observateurs, cela serait dû au manque d'implication de la Société civile dans le suivi des dépenses publiques de leurs entités respectives et à l'insuffisance de transparence dans la gestion par les responsables des ETD. Ce dernier élément a été très déterminant. En effet, si des Responsables des ETD ont accepté la participation des organisations de la Société civile et de la population à l'identification des priorités, ce n'a pas été le cas pour le suivi et contrôle de l'exécution. Ils auraient en outre ignoré à dessein certaines dispositions de la loi congolaise en matière de marchés publics notamment le recours préalable et obligatoire à l'appel d'offre[97].

De leurs côtés, des responsables des ETD ont expliqué les faibles résultats par l'inadéquation entre les prévisions et les réalisations, surtout pour ce qui est de la rétrocession du Gouvernement National vers les ETD et celle du Gouvernement Provincial vers les ETD. Par exemple, selon le chef de chefferie de Kabare, l'Etat transmet aux ETD très peu de recettes par rapport aux prévisions. Il a déclaré : « Les recettes que nous avons eu l'habitude de faire étaient basées sur certaines données qui n'étaient pas réalistes Notamment la rétrocession. Vous savez que 50 % à 60% des montants qui étaient inscrits au titre de la rétrocession ne nous sont jamais parvenus ; nous avons la volonté de faire quelque chose mais Il faut quand même que les moyens que vous nous demandez d'inscrire dans le budget soient réels. [...] Pour l'exercice 2010, pire, on nous demande d'inscrire 537 000 000 des Francs congolais. Je vous dis qu'à la clôture de l'exercice budgétaire, nous n'avons reçu que 51 000 000 FC. »[98]Et

[97] Loi n°10/010 du 27 avril 2010 relative aux marchés publics cité par Me Landry Aksanti Kanyurhi « Le processus de passation des marchés publics », in CRONGD. Sud-Kivu, Atelier de formation sur les Techniques et outils de surveillance des dépenses publiques par les citoyens ; Bukavu, 10 octobre 2010.

[98] Interview accordé à la Radio Maendeleo par le chef de Chefferie de Kabare, au cours de l'atelier de formation sur les finances locales et le BP organisé au Grand séminaire de Murhesa du 25 au 29 avril 2011 par le PRCG en partenariat avec l'Institut de la Banque mondiale. In

dans la suite, au cours du processus du BP, le constat est analogue : sur les prévisions de : (1) 180 000 000 FC en 2012 ; (2) 1 072 621 737, 05 FC en 2013 ; (3) 821 233 369, 98 FC en 2014 ; les réalisations ont été de : (1) 104 168 882, 64 FC au 31/12/2012 soient 57% des prévues ; (2) 118 855 500, 72 FC au 31/12/2013 soient 11% ; (3) 249 397 619, 52 au 31/12/2014 soient 30%.[99]

Curieusement, c'est le Gouvernement lui-même, dans les instructions aux ETD pour l'élaboration du budget, qui transmet aux ETD les montants de rétrocession prévus. C'est le même Gouvernement qui libère enfin de compte des montants très inférieurs aux prévisions.

De même, le Gouvernement provincial a toujours transmis à chaque ETD l'instruction d'inscrire dans ses prévisions budgétaires un montant déterminé comme rétrocession de la Province à l'ETD en termes de sa part des taxes d'intérêts communs. Mais depuis 2011, début du Processus du BP dans des ETD jusqu'en 2016, voire 2017, ces montants n'ont jamais été transmis aux ETD. Pourtant, des taxes y ont toujours été perçues par des services provinciaux. Exemple de l'ETD Commune de Kadutu, 54 141 021 FC de recettes prévues en 2011 en termes des taxes d'intérêt commun, zéro recettes réalisées (rétrocédées). En 2012, 22 836 021 FC prévues, zéro réalisées. En 2013, 108 826 980, 64 FC prévues, zéro réalisé ; en 2014, 107 181 210, 01 FC prévues, zéro réalisé[100].

Ce sont de recettes importantes que la Province prive les ETD depuis longtemps. En effet, ces taxes qualifiées d'intérêts communs sont : « la taxe spéciale de circulation

---

le Budget participatif, une réalité au Sud-Kivu. Vidéo réalisée par 3 TAMIS, Centre de vidéo participative, Bukavu-Sud Kivu-R.D. Congo.

[99] Prévisions budgétaires de la Chefferie de Kabare, exercice 2015.

[100] Prévisions budgétaires de la Commune de Kadutu, exercice 2015.

routière, de la taxe annuelle relative à la délivrance de la patente, les diverses taxes de consommation sur la bière et le tabac, la taxe de superficie sur les concessions forestières, la taxe sur la superficie des concessions minières, la taxe sur les ventes des matières précieuses de production artisanale et toutes autres taxes instituées par le pouvoir central et revenant en tout ou en partie à l'Entité territoriale décentralisée en vertu de la loi[101] ».

Bien qu'il ne soit pas nécessaire qu'un budget soit important en chiffres pour qu'il soit participatif, il doit cependant être respectueux des règles de jeux, des engagements. Sinon, la population serait découragée au constat que l'exécutif local promet beaucoup et ne réalise que très peu. Mais comme cette attitude du Gouvernement central et de la Province a été répétitive, les ETD en tireraient les conséquences. Il serait alors nécessaire de ne pas planifier sur base des promesses mais sur base des réalisations approximatives éventuelles. Ainsi il fallait limiter les investissements à l'essentiel.

Malheureusement, la tendance des ETD nous a paru celle de réaliser plusieurs investissements sans miser sur la qualité et l'efficacité. Par exemple, dans une ETD constituée de 14 groupements, l'on voudrait accomplir au moins un ouvrage dans chaque groupement. De même, dans des quartiers en ville, l'on souhaiterait réaliser plus d'un petit investissement dans chaque avenue. Or, il serait plausible d'exécuter peu d'actions dont chacune gagnerait en qualité et importance que parsemer des réalisations moins durables et peu consistantes. Le penchant à servir chaque groupement, village, quartier, avenue ou cellule serait irréaliste et pécherait contre le principe de

[101] Article 112 de la loi organique n° 08/016 du 07 octobre 2008 portant composition, organisation et fonctionnement des Entités territoriales décentralisées et leurs rapports avec l'Etat et les Provinces.

priorisation cher au BP. Encore que toutes les prévisions doivent être exécutoires au cours de l'année budgétaire. Ceci pour respect au principe d'annualité budgétaire. La mauvaise conséquence en est que des investissements non exécutés sont reportés d'année à année.

Les Responsables des ETD oublient peut-être que le principe d'annualité budgétaire connaît une particularité depuis la mise en œuvre de la nouvelle loi sur les Finances publiques. En effet, «L'exercice budgétaire s'étend sur une année civile allant du 1er janvier au 31 décembre. Toutefois, les crédits y afférents découlent d'une budgétisation pluriannuelle consistant à prévoir les recettes, les dépenses et le financement des opérations du pouvoir central, des provinces et des Entités territoriales décentralisées sur un horizon de trois années. Ce cadrage budgétaire pluriannuel inclut le cadre des dépenses à moyen terme[102] ». Les ETD pouvaient tirer profit de cette disposition légale pour étendre les priorités de l'ensemble de leurs administrés sur trois ans. Et donc, si telle entité n'est pas servie dans l'année en cours, elle le sera l'année suivante et ainsi de suite. Cela permettrait également de réaliser de véritables investissements à la place de saupoudrage.

Par ailleurs, les ETD et la Société civile doivent expliquer les circonstances nouvelles qui exigeraient de réduire les droits des uns et des autres. Par exemple, la disposition de l'article 2 de la Constitution du 18 février 2006 en RDC a finalement connu son début de mise en œuvre en 2015 tendant au passage de 11 à 26 provinces. Ceci aurait réduit d'environ 30% l'enveloppe de recettes

---

[102] Article 5 de la loi n°11/011 du 13 juillet 2011 relative aux finances publiques. Disponible sur le site http://www.leganet.cd/Legislation/Droit%20Public/compta/Loi.11.011.13.07.2011.htm.

en rétrocession transmise à toute ETD et Province chaque année. Et pourtant, dans l'entendement de l'autorité provinciale, la rétrocession du Gouvernement central vers les ETD doit entièrement couvrir les investissements. Et beaucoup d'ETD connaissent une très faible capacité de mobilisation de recettes locales.

Certains responsables d'ETD qui ont requis l'anonymat ont soutenu que dans ces circonstances il sera impossible de réaliser les investissements. Que toutes les dépenses risqueraient d'être limitées au fonctionnement et la rémunération. Les difficultés de la mise en œuvre du BP seraient ainsi exacerbées.

Mais pour des Entités où le dialogue social est déjà enraciné, cette situation ne constituerait en aucun cas un handicap au processus du BP. En outre, des ETD manquent souvent de créativité. Non seulement qu'elles réalisent des taux bas de mobilisation de recettes locales mais aussi dans leur entendement, les investissements seraient synonymes d'infrastructures. Et pourtant d'autres projets tels que la relance du secteur agricole seraient très bénéfiques à la population. Grâce à son autonomie de gestion, une ETD peut consacrer plus de 30% de son budget à l'agriculture. Et pourquoi ne réfléchirait-on pas dans le sens d'agrobusiness ?

Une ETD serait à même de produire des richesses non seulement dans le secteur agricole mais aussi dans ceux de bois, briqueterie, commerce…Dans différents domaines, l'ETD peut entreprendre et créer des richesses. Le domaine d'activités génératrices de revenu doit être pris au sérieux par les ETD. Car non seulement il serait à même d'accroitre les recettes locales, mais aussi bénéficierait à certains membres de la communauté et par ricochet encouragerait leur participation au Processus. Des tels projets ont été rares dans les actions des ETD. Étant préoccupées par le *showing*, elles préféraient des réalisations très physiquement visibles. La population qui n'avait pas été bien sensibilisée sur le Processus est tombée dans cette erreur de penser qu'investissement égale infrastructure : un défi à relever.

Les populations et leurs dirigeants devraient comprendre que les projets du BP sont ceux qui ont un impact direct sur la vie de la population. Ils ont pour buts de réduire la faim dans le milieu à travers la sécurité alimentaire, améliorer l'accès à l'éducation, aux soins de santé, eau, électricité, environnement sain. Leur référence devrait être les Objectifs du Millénaire pour le Développement d'hier, Objectifs de développement durable d'aujourd'hui.

A contrario, il fut pour nous une mauvaise surprise lorsque la Chefferie de Ntambuka en territoire d'Idjwi, parlant des investissements réalisés au premier semestre de 2014 dans le cadre du BP, a cité : la construction de la résidence du Mwami (Chef de chefferie), la construction d'un gîte à la résidence du Mwami, la réhabilitation d'un pont en planche ![103] Cette attitude et d'autres analogues tromperaient les citoyens et penser que c'est ça le BP. Dans le processus du BP, les divers acteurs doivent toujours considérer que le Processus a pour but non seulement de prendre en compte les desiderata de la population mais aussi de prioriser les besoins des plus pauvres.

---

[103] Présentation des prévisions budgétaires par la Chefferie de Ntambuka, dans la salle de l'hôtel Mont Kahuzi, au cours de la Conférence budgétaire des Entités territoriales décentralisées du Sud-Kivu.

D. De l'affectation des richesses aux plus pauvres

Le BP vise à fournir aux pauvres des conditions de vie acceptables. Il s'agit des populations souvent oubliées et qui vivent dans une misère plus accrue que d'autres. À Porto Alegre, ville brésilienne pionnière du BP en 1989, le BP a été un moyen d'aider les pauvres et plus vulnérables à accéder au fonds et services publics dans un contexte d'inégalités sociales et d'insuffisance de ressources économiques[104].

Cependant, cette préoccupation n'a pas souvent été celle des responsables des ETD au Sud-Kivu. Sinon, les entités éloignées du chef-lieu des ETD ne seraient pas oubliées. L'éloignement des certains villages des endroits de prise de décision, au lieu d'être considéré comme une vulnérabilité, a plutôt constitué une raison de s'abstenir d'y intervenir. Pourtant, le BP a un prix. Un coût qu'il ne fallait pas escamoter. Il n'y a pas eu de mécanismes appropriés pour mobiliser et répondre aux besoins des groupes sociaux vulnérables tels que les femmes, les jeunes, les déplacés, les personnes vivant avec handicaps… À l'avenir, le développement du processus du BP devra être évalué non seulement à travers la mobilisation des participants atteints, mais aussi et surtout, via le pourcentage des actions en faveur des pauvres. Et cela est possible s'il existe une volonté politique visant le dialogue entre les gouvernants et les gouvernés ainsi qu'une gestion saine des ressources, en occurrence les taxes et les impôts.

---

[104] ELLA, *op.cit.* p. 2.

E. Impact du BP sur la gestion des impôts, taxes et autres recettes de l'ETD

Au regard de la Constitution de la RDC, « tout Congolais est tenu de remplir loyalement ses obligations vis-à-vis de l'Etat. Il a, en outre, le devoir de s'acquitter de ses impôts et taxes[105] ». En contrepartie, « tous les Congolais ont le droit de jouir des richesses nationales. L'Etat a le devoir de les redistribuer équitablement et de garantir le droit au développement[106] ». Le processus du BP a-t-il aidé les citoyens et l'Etat à remplir chacun ces obligations ?

En effet, dans la plupart des ETD pilotes du BP, l'on a observé une certaine augmentation de recettes fiscales et non-fiscales. La motivation a été double. D'une part, les responsables de la Société civile se sont impliqués dans la sensibilisation au civisme fiscal. D'autre part, une partie de la population a compris le message de payer les taxes et impôts et surtout la contrepartie promise à travers le BP.

Cependant, le quasi-manque de suivi et contrôle par l'autorité provinciale et les services étatiques provinciaux et locaux, a favorisé la survie des tracasseries fiscales, des taxes illégales, les détournements… Dans la plupart des cas, la transparence a échoué. En 2012, Maître Landry Aksanti a écrit : « Le processus d'imposition et de taxation connaît de grands maux : multiplicité d'impôts et taxes ; multiplicité de services poseurs d'Actes ; impôts et taxes perçues sans être prévues dans la nomenclature ; taxes et impôts perçus aux montants supérieurs ou inférieurs à ceux prévus par la législation en vigueur ; taxes et impôts qui, bien que prévus dans la nomenclature sont perçus par des services non habilités en vertu de la loi tels que ANR,

[105] Article 65 de la Constitution du 18 février 2006 en RDC.
[106] *Idem.*

PNC, FARDC… ; taxes et impôts perçus sans preuve de payement ; taxes et impôts perçus par des taxateurs non affectés ou par des *aide – taxateurs*… Dans cet imbroglio, les victimes demeurent l'Etat et la population, pendant que des opérateurs économiques véreux, les percepteurs et leurs commanditaires s'adonnent à l'enrichissement sans cause[107] ».

En novembre 2012, l'Asbl PIL, Promotion des Initiatives Locales, a renchéri : « Plusieurs contribuables s'acquittent de leur devoir citoyen sans obtention des preuves de paiement. Ces recettes échappent ainsi au trésor public et alimentent les poches individuelles des percepteurs. L'élaboration des budgets des Entités décentralisées se fait sans participation/implication des chefs des groupements, des opérateurs économiques et des acteurs de la Société civile qui sont des représentants des contribuables ; la multiplicité des taxes est avérée et nombreuses sont perçues sans preuves de payement ; le circuit des recettes n'est pas respecté et cette situation est entretenue à dessein ; le détournement des recettes de l'Etat ne pose aucun problème aux auteurs faute de contrôle ; l'érosion de recettes est prouvée par la circulation des documents parallèles et illégaux, l'impunité est entretenue ; l'opération retour et la corruption érigées en système de gestion ; l'incohérence des textes par rapport à la réalité sur terrain est évidente ; le conflit avéré entre agents percepteurs et les éléments de l'ordre ; l'immixtion des éléments des FARDC et de la Police Nationale Congolaise dans le circuit des recettes ; l'exploitation de la population par ses chefs coutumiers et

[107] Aksanti (Landry) « Mauvaise gestion des taxes et impôts au Sud-Kivu. A qui profite le désordre ?». In CRONGD Sud-Kivu, Bulletin de liaison, édition n°56, Bukavu, CRONGD Sud-Kivu, janvier-décembre 2012. P.16

les notables, l'ignorance de la population en rapport avec la législation en matière de taxes et impôts,...[108] ».

Au cours des conférences budgétaires des ETD à Bukavu, en exemple de celle de décembre 2014, des membres de la commission budgétaire provinciale ont souvent constaté en moyenne sept taxes illégales perçues presque dans chaque ETD. Ainsi, l'interdiction a des effets dans les conférences budgétaires et non sur le terrain. Par conséquent, les taxes interdites sont sans gêne perçues dans beaucoup d'ETD, faute de contrôle de l'exécution de la décision sur le terrain.

En 2016, l'Assemblée provinciale a constaté avec grand regret que plus de 200 taxes illégales sont payées par la population dans les ETD.[109] Le Président de cette institution provinciale a qualifié cette situation de « pillage » commis sur la population.

En somme, le BP a failli avoir de l'impact positif sur la perception des taxes et impôts. L'élan a été interrompu par la faiblesse de contrôle et de sanction...

---

[108] BULAMBO-wa-TOMBO Y'ILEKE (Sosthène), (Coordonnateur de PIL asbl, Chef de travaux à l'ESURS), « Problématique des impôts et taxes dans les Entités territoriales décentralisées du territoire de Mwenga. Cas des chefferies des Basile et de Wamuzimu en Province du Sud-Kivu, République Démocratique du Congo, 2ème version. Synthèse de l'étude pour servir d'exposé.

[109] Extrait du discours de clôture de la cession de Mars 2016 à l'Assemblée Provinciale du Sud-Kivu. Diffusé à la radio Maendeleo le 2 juillet 2016.

Chapitre III. LE CONTRÔLE, LE SUIVI ET L'ÉVALUATION DU PROCESSUS

Le Budget participatif serait un chapelet de bonnes intentions s'il n'y avait pas de contrôles continus exercés sur ses gestionnaires. Il faut compter avec toutes les formes de contrôles, institutionnels et non-institutionnels pour garantir la réussite du Processus. Dans un contexte où le contrôle par les pouvoirs publics n'existe presque pas, à cause de déficit de volonté politique, le contrôle citoyen ne saurait à son tour s'exécuter. En effet, les actions des acteurs non-étatiques seraient souvent découragées par des dirigeants véreux qui digéreraient mal la réussite de la Société civile là où eux *ont voulu échouer.* D'où le contrôle citoyen a besoin d'un minimum de contrôle institutionnel fonctionnel pour s'enraciner et se consolider.

I. Contrôle par les pouvoirs publics

Les Entités territoriales décentralisées jouissent de l'autonomie de gestion de leurs ressources économiques, humaines, financières et techniques. Elles ne fonctionnent pas cependant en vase clos. Elles sont soumises aux contrôles de tutelle, administrative, politique et juridictionnelle. Ces différents types de contrôle sont successivement exercés par le Gouverneur de province ou par l'Administrateur du territoire quand il lui délègue le pouvoir ; par le contrôleur budgétaire affecté, l'ordonnateur et le comptable public, dans le cas du contrôle administratif interne et par l'inspection des finances et l'inspection de la territoriale pour le contrôle administratif externe ; les organes délibérants ; la Cour des comptes.[110]

A. Processus quasi-non contrôlé

Au Sud-Kivu, le contrôle des pouvoirs publics sur les ETD s'est avéré très faible, quasi inexistant. En effet, L'Administrateur du territoire[111] n'a presque pas les moyens de sa politique. Le territoire devenu une entité déconcentrée, ses moyens de fonctionnement et la rémunération de son personnel émargent au budget de l'Etat[112]. Jusqu'au jour de cette étude, ses moyens sont insignifiants. Il dépend alors des secteurs ou des chefferies desquelles il reçoit « un fonds spécial d'intervention au territoire ». Ici, l'Administrateur du Territoire dépend financièrement des Entités qu'il est censé contrôler.

---

[110] Lire à ce propos le titre VI: Du contrôle sur les finances des provinces et des entités territoriales décentralisées, de la loi n°11/011 du 13 Juillet 2011 relative aux finances publiques. Lire également le chapitre II : De la tutelle sur les actes des Entités territoriales décentralisées, dans la loi organique n° 08/016 du 07 octobre 2008 portant composition, organisation et fonctionnement des Entités Territoriales Décentralisées et leurs rapports avec l'Etat et les Provinces. Lire aussi les pages 87-92 in Cellule Technique d'appui à la Décentralisation « CTAD », *La Décentralisation en bref*, mai 2013.

[111] Conformément à l'article 95 de la loi organique n° 08/016 du 07 octobre 2008 portant composition, organisation et fonctionnement des Entités Territoriales Décentralisées et leurs rapports avec l'Etat et les Provinces, le Gouverneur de province exerce la tutelle sur les actes des entités territoriales décentralisées. Il peut déléguer cette compétence à l'Administrateur du territoire.

[112] Article 35 de la loi organique n°10/011 du 18 mai 2010 portant fixation des subdivisions territoriales à l'intérieur des provinces. Disponible sur http://www.leganet.cd/Legislation/Droit%20Public/Administration.ter/L.10.011.18.05.2010.htm

L'adage *la main qui donne est supérieure à la main qui reçoit* peut ici se réaliser.

Le Gouverneur de Province, à travers la commission budgétaire provinciale, contrôle la légalité des actes contenus dans les propositions budgétaires des ETD mais comme nous l'avons démontré le suivi sur terrain ne s'effectue presque pas. En outre, tirant profit de cette faiblesse de contrôle sur terrain, certaines ETD ne s'empêchent pas de mentir à l'autorité provinciale. En effet, dans la conférence budgétaire provinciale des ETD du 02 au 6 décembre, le Gouverneur de Province, Marcellin Cishambo a dit aux représentants des ETD ceci : « Vous ne pouvez même pas me proposer un budget qui n'a pas été soumis à l'Assemblée Générale de l'ETD. Vous êtes censés avoir consulté votre population avant de me sortir les projets que vous avez... ». Et pourtant, les ETD secteurs de Nganja, Mutambala, les chefferies de Bafuliru, Buloho (pour ne citer que ceux-là) n'ont pas associé la population à l'identification des priorités budgétaires. Elles ont donc menti d'avoir élaboré des budgets participatifs. Et l'autorité provinciale a acquiescé. Peut-être elles en ont présenté des « preuves ». Car, dans la plupart des instructions provinciales il existe la disposition « les procès-verbaux établis à chaque niveau accompagneront les projets des budgets ». Si ces ETD ont présenté des tels procès-verbaux convaincants dans leur forme, au fond, il s'agirait des faux et usages de faux.

Pire encore, dans l'exécution des investissements, nous avons découvert deux tricheries graves dans les actions des responsables de beaucoup d'ETD. D'une part la récupération des investissements réalisés par des partenaires. C'est le cas notamment dans la Chefferie de Ngweshe. La chefferie de Ngweshea usurpé le droit de réalisation des infrastructures suivantes : (1) la construction de 06 salles de classe de l'institut Bwahungu en groupement Rubimbi, (2) la construction de neuf salles de classe et un bureau du Directeur à l'EP Mubone en groupement de Burhale, (3) la construction de l'Institut IRHAGA en groupement Lubona, (4) la réhabilitation de 03 salles de classes à l'EP Bwera en groupement de Nduba, (5) l'entretien du stade Mafundwe en groupement de Walungu, (6) le drainage du marais Nyalugana en groupement de Luciga, (7)la Réfection du Pont Kahungwe en groupement d'Irongo,...[113] Ces ouvrages ont plutôt successivement été réalisés par (1) IRC à travers son programme Tuungane pour 3 salles de classe et les parents des élèves pour 3 salles de classes ; (2) Le Gouvernement de la République pour 6 salles de classes et 1 bureau du Directeur et IRC via le programme Tuungane pour 3 salles de classes ; (3) Unicef pour Centre de Rattrapage Scolaire, CRS pour 4 salles de classes dans lesquelles l'institut Irhaga a fonctionné comme locataire[114] (4)

[113] Ces investissements déclarés réalisés sont contenus dans un rapport intitulé « Réalisations des investissements par l'ETD Ngweshe ». La période de ces « réalisations » est de 2009 à 2014. Ce rapport est signé et avec sceau à Walungu, le 09 février 2015 par le chef de Chefferie de Ngweshe Mwami NGWESHE-XV WEZA-III Pierre J-M.J. NDATABAYE-MUHIGIRWA, et présenté à Bukavu, dans la séance du 11 février 2015 sous le haut-patronage de son Excellence Monsieur le Gouverneur de Province Marcellin Cishambo Ruhoya. Nous ne sommes pas le premier à s'inspirer de ce document : l'étudiant de 2ème année de Licence en Droit à l'Université Officielle de Bukavu, Monsieur Cirhuza Rhuhunemungu Vianney. Il a effectivement été leurré et a juste cité tous les investissements tels que contenus dans ledit document et déclarés comme réalisés. N'ayant pas été sur le terrain, il a ignoré que pour la plupart desdits investissements, certains n'ont jamais été réalisés, d'autres l'ont été par des organisations partenaires à la Chefferie de Ngweshe.

[114] Ne pas confondre Institut Irhaga et E.P. Irhaga car les 2 fonctionnent dans le village Irhaga et sont proches. Les 2 sont des écoles conventionnées protestantes. La première est gérée par la 8e CEPAC, la seconde par la CENCEA. L'EP Irhaga a été construite

l'ONG Save the Children pour 6 classes et les parents des élèves pour 2 classes et 1 bureau du directeur ; (5) la MONUSCO ; (6) SIM BUSHI et FSHI ; (7) GTR et récemment FSHI,...[115]

Ce qui choque de plus est que pour chaque série de réalisations correspondant à chaque groupement, l'ETD Chefferie de Ngweshe débute par la formule : « Dans le groupement X nous avons réalisé ». Elle ne mentionne ni plus ni moins un seul partenaire qui ait réalisé un quelconque investissement ! Paterne Murhula Batumike a dénoncé avant nous cette duperie en ces termes : « On assiste souvent à un amalgame qui se confond à une récupération par l'autorité locale des petites réalisations faites au profit de l'ETD et financées notamment par des entreprises commerciales de la place, des ONG, des individus impliqués dans le développement et bien d'autres. Tout est devenu pratiquement fruits du BP. Certaines autorités en ont même fait un fonds de commerce[116].

---

pour 3 salles de classes par l'IRC via son programme Tuungane en 2012-2013 et 6 salles de classes en planches par les parents d'élèves. L'Institut Irhaga a changé de nom pour éviter la confusion avec l'EP Irhaga qui n'est pas son école primaire, ni de sa communauté, et s'appelle désormais Institut Cibanda. Il a ensuite quitté la maison de location pour son propre bâtiment aux environs, où fonctionnent 3 salles de classes construites par des tôles soutenus pardes stiques d'arbres en guise de mûrs.

[115] Sources : nos recherches sur terrain.

[116] Paterne Murhula Batumike « Institutionnaliser le Budget participatif sans décentraliser : une pratique dichotomique au Sud-Kivu? », in KAS African Law Study Library – Librairie Africaine d'Etudes Juridiques 1 (2014). Disponible sur le site http://www.nomos-elibrary.de/10.5771/2363-6262_2014_3_495/institutionnaliser-le-budget-participatif-sans-decentraliser-une-pratique-dichotomique-au-sud-kivu-jahrgang-1-2014-heft-3?hitid=0, consulté le 17 juin 2016.

D'autre part, *le mensonge grossier* qui désigne comme réalisés des ouvrages qui n'ont jamais été entamés étonnerait plus d'un chercheur. Tenez, l'ETD Chefferie de Ngweshe, a rapporté avoir réalisé :

(1)la construction du marché Nyamudula en groupement de Kamisimbi ; (2)la réhabilitation du bureau du groupement de Mushinga avec 120 tôles, 60 madriers et 80 chevrons ; (3) la réhabilitation du bureau du groupement de Mulamba avec 120 tôles, 60 madriers et 80 chevrons ; (4) la réhabilitation du bureau du groupement de Luciga avec 120 tôles, 60 madriers et 80 chevrons ; (5) la réhabilitation du bureau du groupement d'Izege avec 120 tôles, 60 madriers et 80 chevrons ; (6) la réhabilitation du bureau du groupement de Karhongo avec 120 tôles,60 madriers et 80chevrons [117].

Ce refrain de « 120 tôles, 60 madriers et 80 chevrons » ferait penser à la distribution des cahiers aux élèves d'une même classe. Ceux-ci auraient chacun la même quantité de cahiers tels qu'exigés dans la classe déterminée. Vraiment ! La Chefferie n'a pas pu peaufiner son mensonge !

Les autres sortes de contrôles, quand elles s'effectuent, elles s'arrêtent dans la ville de Bukavu, dans quatre Entités sur les 27 que compte la Province du Sud-Kivu. Mais quelques descentes au-delà de ces quatre ETD ont été organisées en 2015 et 2016 par des Inspecteurs de la Territoriale et des délégués de la Cour de comptes. Ces missions de contrôle n'ont pas été suivies d'effets attendus.

Rappelons que les élections locales n'ont pas encore été organisées et qu'en conséquence, les Conseils des ETD qui assureraient le contrôle politique de proximité n'existent pas encore. L'Assemblée provinciale, bien que

[117] Rapport de la Chefferie, *op.cit.*

n'étant pas l'organe délibérant d'une ETD, a parfois exercé le contrôle parlementaire sur les ETD sur base des articles 158 point 5 et 195 de son Règlement Intérieur[118].

Le contrôle par la Cour de comptes en province est rare. La mission de cette Cour au Sud-Kivu en 2014 a plutôt consisté en renforcement des capacités. En 2015, elle s'est limitée au contrôle sur pièces aux bureaux des ETD, ignorant la réalité de terrain.

Par ailleurs, en fin 2014, le Ministère national ayant en charge les affaires intérieures et la décentralisation a nommé des inspecteurs de la Territoriale conformément au décret-loi 083 du 2 juillet 1998 portant organisation et fonctionnement du corps des inspecteurs de la territoriale. Il les a affectés dans les provinces sur base de l'article 6 de ce décret qui les groupe en trois pools à savoir pool I : Bandundu, Bas-Congo, Équateur et Kinshasa ; pool II : Kasaï-Occidental, Kasaï-Oriental et Katanga ; pool III : Maniema, Nord-Kivu, Province Orientale et Sud-Kivu.

Au regard de l'article 2, le corps des inspecteurs de la territoriale a pour mission générale, le contrôle, l'évaluation et le suivi des activités des autorités des entités administratives et des services tant centraux que spécialisés du ministre des Affaires intérieures. Mais remarquer que déjà au lendemain de leur nomination, le Gouverneur de Province, bien que satisfait d'une part de leur affectation a cependant douté de moyens mis à leur disposition. A la conférence budgétaire des ETD, le Gouverneur déclarait : « [...] Oui, puisque les gens ne comprennent pas que nous créons des organes sans les avoir budgétisés. C'est une faute de gestion [...] »[119]. Les

[118] Articles 158 point 5 et 195 du Règlement intérieur de l'Assemblée provinciale du Sud-Kivu ; lire le cas pratique au point ci-dessous « budget participatif face à l'impunité ».

[119] In Discours d'ouverture du Gouverneur de Province du Sud-Kivu, son Excellence Monsieur Marcellin Cishambo, atelier portant

mêmes causes produisant les mêmes effets, en 2015 et 2016, les quelques missions de contrôle des Inspecteurs de la Territoriale auprès des ETD auraient en partie été prises en charge par les ETD concernées. Et cette imputation budgétaire figurait même sur leurs ordres de mission[120].

Et pourtant, au regard des articles 3 et 4 du décret-loi précité, le corps des inspecteurs de la territoriale jouit d'une autonomie administrative et financière et dispose ainsi pour son fonctionnement d'une allocation budgétaire émargeant aux budgets annexes de l'État. On s'étonne alors que cette institution ponctionne aux ETD contrôlées. Et de quel contrôle s'agirait-il dans ces cas ? L'autonomie administrative et financière dont jouit cette institution dans la loi a pour but de lui assurer une indépendance vis-à-vis des entités à contrôler notamment la Province et les Entités territoriales décentralisées.

Dès lors, l'inefficacité de leur action serait la résultante de l'échec de l'autonomie financière. Nous nous sommes souvent interrogés : à quoi bon créer des institutions ou de services quand ceux existants et analogues peinent à travailler par faute de moyens matériels ? Nous avons cité l'exemple des Administrateurs des Territoires qui sont aussi privés de recettes nécessaires à leur mission. Avant de mettre en place des organismes, l'Etat devrait s'assurer de l'effectivité de ceux qui existent. Sinon, la dépendance

---

conférences budgétaires des ETD du Sud-Kivu, exercice 2015, organisé par le Ministère du Plan et Budget avec l'appui financier du Programme de Renforcement de Capacités en Gouvernance, un programme de la Banque Mondiale ; à l'hôtel Mont Kahuzi du 2 au 8 décembre 2014.

[120] Nous aurions voulu fournir la source de cette information mais vu que les ordres de mission sont nominatifs, une telle divulgation exposerait l'informateur aux sanctions de sa hiérarchie.

financière des contrôleurs vis-à-vis de contrôlés n'engendrerait que corruption, concussion et impunité.

B. Budget participatif et impunité

L'homme n'est ni ange ni fange. Un contrôle de ses activités ne suffirait pas pour le rappeler à l'ordre. Il doit aboutir à une sanction exemplaire, sans complaisance. La faiblesse du contrôle sur les gestionnaires du BP a été accentuée par l'impunité. Cela signifie que pour la plupart de cas, les contrôles effectués n'ont pas été suivis de sanctions. C'est l'exemple de ceux de la Division provinciale du Budget et l'Assemblée provinciale.

En effet, à la lecture de la lettre n° 31.401/167 DIVIBUDGET-SK/2014, du 21 novembre/2014 du Chef de Division provinciale du Budget Sud-Kivu ; on remarque qu'un« désordre gangrène la gestion des finances dans la commune de Bagira depuis 2012 caractérisée par : l'encadrement de plusieurs recettes dans l'informel ; la déviation des sommes importantes de la rétrocession par des agents de la commune en complicité avec les autorités communales ; plusieurs dépenses effectuées soustraites à la vérification et au visa du contrôleur budgétaire de la commune ; beaucoup de réalisations déclarées dans la rubrique « investissement » se trouvent en chiffres contestés par les structures de base comme le comité de pilotage du Budget participatif de la commune et la Société civile locale ; assez des constructions dont les bureaux du quartier, ponts,...Perdurent dans les justifications d'une année à l'autre et se font remarquer comme une dépense répétée au cours de deux années consécutives ; le dépouillement de dépenses indûment effectuées et sans respect des principes de la chaîne des dépenses, fait état de détournement d'un montant de 42 803 586 FC dès l'exercice 2013 à novembre 2014 ! »

Voilà pourquoi le taux d'exécution du budget de la commune de Bagira au 3 juin 2014, tel que présenté à la Conférence budgétaire des ETD, exercice 2015, organisée à Bukavu du 02 au 8 décembre 2014, est de 12,5%.

L'Assemblée provinciale à son tour a enquêté sur cette gabegie financière, du 13 au 24 octobre 2014 et formulé des recommandations[121]. Parmi elles : (18) « Réduire suffisante des dépenses des autorités communales, arrêter la gabegie, donc l'hémorragie financière, la dilapidation journalière à travers cette fameuse rubrique « fond secret des recherches » ; (22) « Mettre fin au népotisme, au clientélisme et à l'arbitraire érigé en mode de gestion à la Commune de Bagira » ; (1) « la suspension illico expresso du Bourgmestre et son adjoint pour éviter tout triomphalisme à la tête de la commune et tordre ainsi le cou à la gestion sulfureuse et calamiteuse de la commune de Bagira » ; (2) « Que le Bourgmestre et son adjoint soient déférés devant la justice pour répondre de leurs actes[122] ».

Si la Division provinciale du budget a juste donné les faits, l'Assemblée provinciale, elle, les a qualifiés par des mots forts, à la taille des actes identifiés. La *« gabegie »* est synonyme de dilapidation, gaspillage, dissipation, déprédation, prodigalité, galvaudage… pour signifier *« hémorragie financière ».* La gestion *« sulfureuse »* elle, équivaut (l'adjectif) à : démoniaque, diabolique, satanique, luciférien, infernal. Et la gestion *« calamiteuse »* renvoie

---

[121] *Assemblée provinciale, rapport d'Audition par la Commission PAJ, dossier de la Commune de Bagira.* Document transmis au président de l'Assemblée provinciale par la lettre n° 03/ASSPRO-SK/CPAJ/2014 du 27/11/2014.

(adjectif) à catastrophique, épouvantable, désastreuse, funeste, néfaste.

À lire les recommandations de l'Assemblée provinciale dans cette vigueur qui les accompagne, on croirait que des sanctions sévères à l'endroit des responsables des ETD tomberaient le plutôt possible…!

Au regard des résultats de ces deux contrôles administratif et politique en comparaison avec la suite leur réservée, nous nous posons trois questions : d'abord le mécanisme du BP initié dans cette commune voire dans certaines autres mal cotées dans cet ouvrage, n'a-t-il pas légitimé la mal gouvernance au lieu de la combattre ? Pourquoi des sanctions n'ont-elles pas suivi alors que les faits étaient avérés ? Quelles sont les leçons que les responsables des autres ETD, la Société civile et les partenaires au BP au Sud-Kivu peuvent tirer de cette situation ?

En effet, il y a lieu de constater que tous ces résultats mentionnent l'année 2012 comme étant le début de cette gestion catastrophique. Or, cette année constitue le premier exercice budgétaire participatif dans des ETD du Sud-Kivu. Depuis cette période, des analystes non avisés ou des « récupérateurs politiques »ont souvent présenté le processus du BP au Sud-Kivu comme une réussite. Cette position démagogique ou naïve aurait été de nature à voiler les antivaleurs graves qui ont parsemé le processus du « BP » dans des telles ETD. Tous les actes ci-hauts décriés sont contraires au BP.

S'il s'agissait réellement d'un Budget participatif, les autorités investies de pouvoir de sanctionner exerceraient ce pouvoir. Or, depuis la transmission des rapports à qui de droit en 2014, jusqu'à aujourd'hui, environ deux années après, les fautifs n'ont pas été sanctionnés. Ainsi s'accomplirait notre réflexion de jadis que si jamais des sanctions exemplaires ne sont pas infligées aux auteurs de cette gestion calamiteuse de l'ETD, l'on en déduirait alors que les autorités hiérarchiques ou tutélaires sont juges et parties. Et la mal gouvernance s'érigerait en « mode de gestion autorisée ». Et si des graves malversations financières s'effectuent à moins de dix kilomètres du siège des institutions provinciales ; que dirait-on des ETD qui sont à 80 ; 150 ; 250 ; 340 km de la ville de Bukavu ? Car, au fur et à mesure que l'on s'éloigne de la ville, l'information devient de plus en plus rare et la loi devient de moins à moins applicable[123].

Les autorités supérieures ou tutélaires ne peuvent pas alléguer l'ignorance de ces faits et d'autres analogues. En effet, la plupart des correspondances ci-haut citées ont souvent été réservées en copies au Gouverneur de Province, au Président de l'Assemblée provinciale,... Où sont passées les paroles sages du Gouverneur de Province : « [...] ce sera faire un budget de l'ETD pilote avec et pour la population. Ne soyez pas hostiles au suivi et au contrôle. Bien au contraire, quand vous verrez un inspecteur ou contrôleur passer, réjouissez-vous qu'on soit venu vous évaluer pour une sanction positive [...][124] ».

Les détournements ci-hauts sont restés impunis. Au contraire, des gestionnaires des BP et des autorités hiérarchiques et tutélaires, voire des partenaires ont souvent présenté le Processus au Sud-Kivu comme une réussite. Nous l'avons affirmé ci-haut. Dans ces

---

[123] Aksanti (Landry), « Problèmes Majeurs de la Gouvernance au Sud-Kivu ». In CRONGD Sud-Kivu, Bulletin de liaison, édition n°58, Bukavu, CRONGD Sud-Kivu, janvier-décembre 2014. P.7-8

[124] Discours d'ouverture du Gouverneur de Province du Sud-Kivu, son Excellence Monsieur Marcellin Cishambo, atelier de formation sur les finances publiques locales et le budget participatif, organisé par le Programme de Renforcement de Capacités en Gouvernance, en partenariat avec l'Institut de la Banque Mondiale, au grand séminaire de Murhesa, du 25 au 29 avril 2011.

circonstances, le contrôle citoyen pouvait-il suppléer au contrôle des pouvoirs publics ?

II. Contrôle citoyen

Le contrôle citoyen (de l'action publique) est une démarche orientée vers l'obligation de rendre des comptes et qui repose sur l'engagement civique : ce sont les citoyens ordinaires et/ou les organisations de la société civile qui veillent directement ou indirectement à obliger des détenteurs du pouvoir de rendre des comptes[125]. Le contrôle citoyen concerne un ensemble très large de mécanismes et d'actions qui permettent aux citoyens et aux actions de la Société civile d'obliger les acteurs politiques et les institutions à rendre des comptes sur leur gestion publique afin de favoriser la bonne gouvernance locale[126]. En définitive, le contrôle citoyen suppose d'une part que les citoyens s'intéressent à la conduite des affaires publiques dans leur entité et sont par conséquent conscients que leur apport orienterait la politique publique ; d'autre part, les dirigeants sont conscients d'exercer le pouvoir pour autrui et que ce dernier a le droit de regard et la sanction sur les résultats de la gouvernance en cours.

Le contrôle citoyen est né de la faiblesse de la démocratie représentative surtout dans les pays peu ou non développés, de satisfaire les demandes sociales. Les

---

[125] Banque mondiale, cité par Dumas Nguebou (Jules), *Manuel de formation. A l'usage des Universités itinérantes citoyennes* (UIC), Yaoundé, Editions du CRDL, Gouvernance locale et budget participatif, Avril 2013, p.31.

[126] République Démocratique du Congo. Ministère de l'Intérieur, Sécurité, Décentralisation et Affaires coutumières. Cellule Technique d'Appui à la Décentralisation « CTAD ». *La décentralisation en bref*, mai 2013. p.96.

représentants du peuple, au lieu de représenter et défendre les intérêts de ce mandant ; ont plutôt été égoïstes et détourné en leur faveur la mission leur confiée. Dans les anciennes démocraties *conscientes,* tels dirigeants étaient sanctionnés par le système de mandat impératif. Celui-ci suppose que l'élu qui reçoit un mandat de cinq ans par exemple, exerce provisoirement ce pouvoir qui devra être confirmé ou infirmé après une année d'exercice sur base du bilan annuel. Ce principe ayant été abandonné à cause de l'instabilité des institutions qu'il engendrerait, les citoyens ont trouvé la nécessité d'être des surveillants de leurs mandataires. Dans quel environnement le contrôle citoyen s'était-il exercé ?

A. Faibles mécanismes de redevabilité et de transparence

La redevabilité et la transparence sont des concepts intimement liés. La transparence est au service de la redevabilité. À travers la transparence, l'autorité publique remplit l'une de ses obligations de redevabilité à l'égard des gouvernés. Il s'agit en fait d'un élément de redevabilité. Mais si l'Administration n'est que transparente et refuse de satisfaire aux demandes sociales formulées après évaluation de l'action publique, en vue de corriger les erreurs constatées, c'est un coup d'épée dans l'eau.

L'accès à l'information constitue le préalable à la redevabilité. Le droit à l'information est de plus en plus reconnu comme un droit fondamental dans la démocratie[127]. La Déclaration Universelle de Droits de

---

[127] Center for Global, International and Regional Studies "The uncertain relationship between transparency and accountability" disponible sur

l'homme consacre ce droit à son article 19.La Constitution de la République Démocratique du Congo le reconnaît à son article 24. Cependant, à part les principes généraux que posent ces textes juridiques, il n'existe pas en RDC de mécanismes ou une loi spécifique relative au droit à l'information, en l'occurrence l'information publique.

Des organisations de la Société civile dans le monde, là où le processus du BP a pris corps, ont avant tout mené un plaidoyer pour le vote d'une loi sur le droit à l'information. C'est l'exemple du mouvement social indien appelé MazdoorKisan Shakti Sangathan (MKSS). Sa longue campagne inlassable de 1995 à 2005 a abouti à deux lois sur le droit à l'information ; une au niveau local, l'autre au niveau national[128].

Par contre, en RDC et au Sud-Kivu en particulier, l'information sur le budget a souvent été un sujet tabou dans beaucoup d'Entités voire au niveau provincial. Surtout quand il s'agit des « chiffres ». Dans nos recherches, un agent de l'Administration publique nous a confiés avec inquiétude : « Veux-tu que mon chef me pointe du doigt que c'est moi qui donne des informations à la Société civile ? » Or, les données recherchées étaient relatives au BP.

Le Budget participatif exige que les informations y afférentes soient partagées en toute transparence entre les autorités et les citoyens. Par exemple, le citoyen moyen habitant une entité donnée devrait connaître le montant de la rétrocession de l'Etat à leur entité, les recettes locales et leur affectation, les taxes légales auxquelles il est

---

http://escholarship.org/uc/item/8c25c3z4, consulté le 12 juin 2016.

[128] Pour plus d'information, lire CRONGD Sud-Kivu, Atelier de formation sur les techniques et outils de surveillance des dépenses publiques par les citoyens, module de formation, Bukavu 10 Novembre 2010. (Exposés de Gustave Bafakulera Mubira et Me Landry Aksanti Kanyurhi). P.3.

assujetti, ainsi que l'orientation des recettes y afférentes[129]. L'accès aux informations par les citoyens leur permet de suivre et de contrôler les actions publiques. Dans le processus du BP, il est donc de l'obligation primordiale de l'autorité d'initier de mécanismes de transparence et de redevabilité au sein de son administration. C'est ce qui a manqué au Processus au Sud-Kivu de sorte que Paterne Murhula Batumike parle même d'inexistence de mécanisme de contrôle. Il s'exprime en ces termes : « Il n'existe aucun mécanisme de contrôle dans les entités où le BP est appliqué et formellement les citoyens des ETD ne participent aucunement au processus de détermination des priorités de leur entité [130] ». Nous ne sommes pas totalement d'accord avec lui. Car le contrôle citoyen a connu une évolution, modique soit-elle. En effet, le Contrôle citoyen a un fondement constitutif mais non expressif[131]. Il s'agit de principes généraux qui se rapportent à la liberté de pensée, de conscience, d'expression, droit à l'information, à la manifestation, droit d'adresser une pétition à l'autorité, droit de s'opposer à un ordre manifestement illégal,...

Ces principes, justes énoncés ne seraient pas à vrai dire considérés comme des mécanismes de contrôle citoyen. Dans un entretien avec le Chef de secteur de Tanganyika, en Territoire de Fizi en mai 2011, ce dernier nous a répondu : « Je ne peux être contrôlé que par l'Assemblée provinciale et le Gouvernement provincial. Pas la Société civile ». Le fondement constitutionnel ci-haut ne l'a pas convaincu. Rappelons que dans les autres lois de la

---

[129] Aksanti (Landry), « Contrôle citoyen et Budget participatif au Sud-Kivu. Réalités et défis. In CRONGD Sud-Kivu, Bulletin de liaison, édition n°59, Bukavu, CRONGD Sud-Kivu, janvier-décembre 2015.

[130] Murhula Batumike (Paterne), *op.cit.*

[131] Lire le contenu du titre II de la Constitution « Des droits humains, des libertés fondamentales, des devoirs du citoyen et de l'Etat. »

République, en l'occurrence celle des Finances publiques, les lois portant sur la décentralisation… ; le contrôle citoyen n'est pas organisé. Pour la première fois apparaît dans l'arrêté du Gouverneur de province la disposition : « le Budget participatif a pour objectifs […] permettre le contrôle citoyen de l'action publique[132] ». Nous pensons que cette mise au point a convaincu le Chef de secteur ci-haut cité que la Société civile a un droit de regard voire un contrôle sur sa gestion. C'est pourquoi il a adopté malgré lui le mécanisme du BP en fin 2014.

Cependant, l'arrêté provincial susmentionné ne prévoit pas à proprement parler de mécanismes de contrôle citoyen de l'action publique. Il organise plutôt la participation de la Société civile à l'identification des priorités en investissement. Le contrôle citoyen aurait de sens au cours de l'exécution et à l'évaluation des projets retenus. Ce que ce texte réglementaire n'aménage pas en dépit de l'existence du chapitre V intitulé : « les mécanismes de surveillance participative ». Son article 15 stipule : « Les mécanismes de surveillance du Budget participatif sont ceux qui permettent l'accès à l'information publique, la reddition des comptes et le renforcement des capacités ». Cette affirmation simple n'est pas un mécanisme. La question à laquelle le texte ne répond pas est de savoir comment les citoyens accèdent à l'information. Quelles sont les obligations des animateurs des ETD quant à ce ?

La loi ou la décision de reddition de comptes ci-haut évoquée, elle, est un outil de l'organe délibérant et non des citoyens, élaborée et votée sur base des rapports de la Cour de Compte. La reddition des comptes n'est pas fonctionnelle dans les ETD suite à l'absence des organes

[132] Article 4 de l'arrêté provincial sur le Budget participatif au Sud-Kivu.

délibérants. Le renforcement des capacités au profit des citoyens des ETD aux mécanismes du BP n'a pas été effectué.

Par ailleurs, l'article 16 de l'arrêté susvisé stipule : « les Entités territoriales décentralisées et leurs administrations locales sont obligées d'utiliser les moyens à leur portée pour obtenir des citoyens l'information opportune et adéquate sur tout le processus de programmation participative du Budget et de l'exécution de la dépense publique ». À ce devoir de l'exécutif local d'obtenir toute information utile des citoyens nous attentions l'obligation conséquente de leur fournir en retour toute information nécessaire sur leur participation à tout le processus budgétaire. Ce qui ne figure pas dans l'Arrêté. A l'article 17, on peut plutôt y lire ceci : « les gestionnaires des Entités territoriales décentralisées informent trimestriellement aux instances du Budget participatif des avancées obtenues dans la programmation participative et la gestion générale du Budget de l'Entité territoriale décentralisée ». Là encore, l'Arrêté n'organise pas un mécanisme approprié de contrôle citoyen. À la place ou en plus de cette information trimestrielle, nous aurions souhaité la création d'une commission de suivi budgétaire constituée en majorité de la Société civile.

Suite à cette lacune, les ETD devraient prendre l'initiative d'organisation d'un tel mécanisme. Certaines ETD à l'exemple des Chefferies de Kabare et de Ngweshe ont essayé de créer des structures de contrôle citoyen. Mais ces structures ont fini par des conflits entre les acteurs non-étatiques et les acteurs étatiques jusqu'à s'enliser. Les autorités locales, voire provinciales ne traitent pas encore les citoyens ou la Société civile comme des véritables partenaires. Le dialogue sincère et voulu par les responsables des ETD fait toujours défaut. Alors qu'il serait le socle même du BP.

En plus, l'adoption d'un texte juridique sur le droit à l'information publique sera de grande importance. Si dans un premier temps, la Société civile ne doit pas être considérée comme un véritable auditeur ou un contrôleur public qui exige les documents comptables afin de remplir sa mission de contrôle ; elle a droit à la formation, au renforcement de capacités et l'accès aux documents nécessaires qui fondent le budget public et en particulier le budget participatif. Parmi ces documents citons : les prévisions budgétaires, les rapports des différents forums du BP ; les rapports d'exécution du Budget et ceux d'évaluation. Pour le budget adopté par exemple, il doit être imprimé en autant d'exemplaires qu'il y a de parties au Processus. De sorte que la Société civile ait son exemplaire. Ainsi de suite pour les autres documents du budget dans son élaboration, exécution, suivi et évaluation.

Nous voudrions qu'au sein de chaque ETD qui a marqué un pas dans le Processus, soit construit un bureau d'information sur le processus du BP. Ce bureau sera dirigé par un représentant de la Société civile. Là les citoyens s'informeront sur le Processus. L'essor du BP s'évalue aussi par rapport aux informations détenues par les parties prenantes, entre autres la Société civile et l'Exécutif local. Si une partie est de loin plus informée que l'autre, c'est une faiblesse. Le partage des informations marque le premier pas vers la réussite du Processus. Une doctrine issue du Ministère congolais ayant en charge la Décentralisation a reconnu ceci : « en vue du contrôle citoyen, le citoyen a le droit d'être informé de tout ce qui est entrepris en sa faveur, avec sa participation. Le citoyen devrait être informé du processus d'élaboration du budget de sa commune, de son contenu et de son exécution. Il devrait être informé par voie d'affichage des décisions de l'Assemblée provinciale, du Conseil communal, du Conseil de Secteur et du Conseil de Chefferie[133] ».

Nous avons été surpris que des représentants de la Société civile dans le Processus ne disposent (en majorité) d'aucun document budgétaire. Comment alors pouvaient-ils mobiliser les citoyens afin d'exiger le respect des engagements pris ? Sur quel fondement ? Sur base des prévisions budgétaires, les Organisations de la Société civile devront s'organiser et descendre dans les lieux où l'exécutif local réalise ou doit réaliser les ouvrages prévus. Ils doivent en rédiger les rapports tels qu'ils dégagent les écarts entre les prévus et les réalisés et demander à l'exécutif d'en tirer les conséquences.

Si les gestionnaires du budget n'améliorent pas la qualité des services, les citoyens déclencheront des actions de pression légales telles que les marches pacifiques, le sit-in, les tribunes d'expression populaire, les campagnes publiques, la désobéissance civique, les conférences de presses, les déclarations, les propositions, les grèves, les pétitions, les lettres ouvertes, les recours, les enquêtes et les sondages d'opinions… Le défi qui en résulte demeure le professionnalisme de membres de la Société civile. L'art de convaincre est fondé sur la maîtrise de son sujet et une bonne procédure à même d'obtenir l'adhésion du plus grand nombre de ses interlocuteurs. Nous souhaitons voir à l'avenir, une telle dynamique revendicative se développer au niveau de l'ETD intéressée au lieu d'une origine provinciale ou territoriale globale comme dans le passé, bien qu'elle soit aussi nécessaire selon les cas.

---

133 République Démocratique du Congo, Ministère de l'Intérieur, Sécurité, Décentralisation et Affaires coutumières ; Cellule Technique d'appui à la Décentralisation « CTAD », *La Décentralisation en bref*, mai 2013. p.96.

Dans la liste des mécanismes de contrôle, nous proposons en outre l'audit sociétal. L'audit sociétal commence par la recherche des informations sur les investissements ou autres actions publiques et s'achève par des audiences publiques au cours desquelles les citoyens posent des questions aux dirigeants sur leur gestion, et éventuellement des sanctions s'en suivent. Au cours de ces audiences les responsables de l'Administration doivent se justifier devant les citoyens. Ce mode de contrôle citoyen serait bénéfique au BP au Sud-Kivu. Mais au stade actuel, il connaîtrait un échec lié au type même du dirigeant en présence et à l'évolution tardive du Processus qui demeure, à notre avis, au stade embryonnaire. Voilà pourquoi, les quelques exercices de contrôle citoyen essayé dans certaines ETD ont tourné au vinaigre.

B. Cas de contrôle citoyen qui tourne au vinaigre

Les Organisations de la Société civile doivent fonctionner comme des surveillants devant la porte des mandataires locaux dans la perspective d'améliorer la quantité et la qualité des services des autorités locales. Elles doivent aussi combattre la malhonnêteté et la corruption au sein de l'administration, ainsi que dans la gestion des services au niveau local. Elles doivent aussi combattre la malhonnêteté et la corruption au sein de l'Administration, ainsi que dans la gestion des services au niveau local[134]. Cette exigence citoyenne a été comprise par certains membres de la Société civile dans les ETD au Sud-Kivu mais le mécanisme a sitôt été bloqué avec l'échec du dialogue entre dirigeants et dirigés. En cause l'obstination des autorités locales et leurs collaborateurs à

[134] *Idem*, p.97.

gérer la chose publique comme leur bien privé. Elles ont sciemment ignoré leur souscription au mécanisme du BP qui consacre le contrôle citoyen. Deux exemples dans deux ETD ont le plus attiré notre attention.

- Dans l'ETD Commune de Bagira :

Paterne Murhala Batumike a écrit : « en septembre 2014, la société civile de Bagira, une des communes pilotes dans le cadre du BP, a déposé une pétition contrôle le bourgmestre de cette commune. Au nombre des griefs formulés contre ce dernier figure notamment l'opacité et la confusion entretenue par le dit bourgmestre autour du BP. Selon les pétitionnaires le bourgmestre arrêterait seul les priorités de la commune, déciderait de comment celles-ci seraient exécutées et ne seraient astreintes à aucun contrôle citoyen [135] ».

La réaction du bourgmestre étonnerait plus d'un analyste. L'auteur cité in fine renseigne que le bourgmestre de Bagira a déclaré ceci dans un média local : « cette société civile n'est pas avec nous parce que si elle était avec nous, elle viendrait travailler avec nous. Je comprends que tout ce qu'elle fait est dicté par des fins électoralistes[136] ». L'auteur poursuit que s'il y a utilisation ou récupération du BP pour des fins électoralistes, c'est principalement du côté de l'autorité locale qu'il sied de se placer pour apprécier pareille récupération.

De notre analyse, l'attitude du Bourgmestre montre un statu quo entre l'avant et l'après adoption du mécanisme du BP. Avant, le représentant de la Société civile était mal vu par l'autorité locale. Considéré comme un homme gênant, qui dénonce, alerte, crie et marche sur les intérêts de l'autorité. Il est parfois vu à tort ou à raison comme un

---

[135] Murhula Batumike (Paterne), *op.cit.*

[136] *Idem.*

affamé alarmiste à qui il faut jeter un quart de pain pour qu'il se taise. De l'autre côté, le dirigeant, peu ou pas préoccupé de l'examen des revendications, fondées ou infondées soient-elles, diabolise son interlocuteur. Fort de la confiance en la personne qui l'a recruté et à qui il a toujours exprimé son *attachement indéfectible*, il croit fermement que *le chien aboie, la caravane passe*.

Comment ignorerait-on la Société civile, qui, nous ne cesserons de le rappeler, imprime le caractère participatif au budget public ? Le Bourgmestre aurait beau réunir tous les chefs de quartiers, tous les chefs d'avenus et tous les chefs des cellules ; à l'absence des acteurs non-étatiques, son budget ne sera pas participatif. Le Bourgmestre aurait ajouté : « Cette société civile n'est pas avec nous parce que si elle était avec nous, elle viendrait travailler avec nous »[137]. Cette attitude « suivez le guide » est suicidaire au BP. Vraiment, le processus du « BP » n'a pas pu améliorer les relations entre l'autorité et la Société civile. Dans certains cas, il les a au contraire envenimées. Ce cas est similaire à celui de la Chefferie de Ngweshe.

- Dans l'ETD Chefferie de Ngweshe :

En date du 30 décembre 2013, la Société civile du Sud-Kivu, Bureau Territorial de Walungu, a adressé la lettre n° 088/BTSC-WGU/12-2013 du 30 décembre/2013 à Sa Majesté Mwami Chef de Chefferie de Ngweshe à Walungu, avec pour objet : Crise de la Gouvernance administrative, MÉMORANDUM. Les reproches faits au destinataire sont les suivants : « le Chef d'entité Ngweshe non permanent dans sa juridiction depuis avril 2013 jusqu'à la fin de l'année 2013 alors qu'il a manqué également de nommer un Secrétaire Administratif de la Chefferie ; ce vide administratif créé par l'absence du

[137] *Idem.*

Secrétaire Administratif depuis l'élévation de Monsieur Murhi Mubalama Adalbert au poste de Ministre provincial en juin 2013 limite l'Administration de la Chefferie de Ngweshe ; le budget participatif 2013 est jugé mal exécuté étant donné qu'il n'y a pas eu évaluation et même en faisant une observation à distance l'on se rend compte qu'il n'y a rien de visible en terme de projets d'investissement avec les recettes locales et la rétrocession du gouvernement central (aucun pont, route, maison, équipement…) notre chefferie reste sous équipée sans vélo ni moto, où sont allés les fonds prévus au besoin prioritaire d'achat d'un véhicule neuf de terrain et autres priorités convenues avec la population lors de l'Assemblée budgétaire du 21 au 22 septembre pour le budget 2013 ?; le budget 2014 est considéré non participatif car la commission budgétaire renseigne qu'on a reconduit le budget 2013, n'est-ce pas une violation flagrante et délibérée des principes et lois du Budget participatif car aucun forum communautaire organisé dans les Groupements, aucune Assemblée budgétaire convoquée par le chef de Chefferie pour cette fin… ».

En guise de réaction, la Chefferie contre-attaque :

Dans sa lettre n° 5072/14/E.421/NGW/2014 du 30 janvier 2014, adressée à Monsieur Kahasha Nshombo Ghislain, Président de la Société Civile, Noyau Territorial de Walungu à WALUNGU ; et portant objet : crise de Gouvernance Administrative « MÉMORANDUM », la Chefferie de Ngweshe affirme avoir « constaté avec amertume les faits ci-après et qui sont mis à la charge du destinataire et lesquels méritent une sanction conformément à la loi : 1.Outrage envers l'autorité légalement établie ; 2. Imputation calomnieuse et dommageable ; 3. Soulèvement de la population contre l'autorité légalement établie ; 4. Détournement de deniers publics. »

De notre commentaire, l'on cherchera en vain une seule caractéristique du BP dans cette réaction de la Chefferie, on n'en trouvera pas.

Voilà le contexte de certaines ETD dans lesquelles le BP a été transplanté sans analyse préalable et cohérente de la gouvernance et qui par conséquent n'a pris aucun iota de racine, faute de volonté politique. La Société civile qui n'a fait qu'exercer son droit de contrôle citoyen, a vu son action être directement considérée comme un acte de lèse-majesté. Ce qui est contraire à l'article 4 de l'arrêté provincial sur le BP et à la doctrine congolaise qui indique : « le contrôle citoyen permet aux organisations de la Société civile d'entretenir un meilleur système de supervision de l'action des autorités locales, en s'impliquant directement dans certains contrôles et inventaires des projets en cours d'exécution et en exigeant des explications sur leurs actes et sur les politiques qu'elles mènent[138] ».

L'évaluation de la gouvernance ci-haut faite par la Société civile est fondée sur des faits vrais. Nous les avons vérifiés. Le vide administratif d'à partir juin 2013, ci-haut évoqué, s'est prolongé jusqu'à nos jours. Ainsi, au four et au moulin, le Comptable de la Chefferie exerce trois attributions : les siennes, celles du Secrétaire Administratif et celles du Chef de Chefferie non-permanent dans son entité. Sur le plan des réalisations, il est vrai qu'il n'y a eu rien de visible ; aucun pont, équipement, aucune route, maison… comme l'indique la correspondance susmentionnée. Les réalisations des partenaires ne sont pas celles de la Chefferie.

La lettre de la Société civile ci-haut évoquée a été rédigée dans une réunion de 24 personnes constituées des membres du bureau territorial et des représentants des 16

[138] République Démocratique du Congo, *op.cit.* p. 97.

noyaux Société civile œuvrant dans les 16 groupements que compte la Chefferie de Ngweshe. L'information de manque de réalisation des investissements dans la Chefferie est donc venue de ceux-là qui ont vécu cette situation. Il est d'ailleurs simple à comprendre que la Chefferie ait reporté toutes les prévisions des investissements de 2013 à 2014 car il n'y a pas eu de réalisations en 2013.

Dans beaucoup d'ETD, le Processus a été criblé de mensonges qui ont jeté le discrédit sur le mécanisme du BP tel que celui-ci aurait été perçu à juste titre par la population comme un leurre. Au lieu que le BP établisse un dialogue constructif entre l'autorité et la Société civile, il s'est soldé par la diabolisation réciproque. Il est cependant vrai que quelques membres de la Société civile ont aussi commis des erreurs. Monsieur Kahasha N. Ghislain, alors président territorial de la Société civile, aurait géré certaines taxes de la Chefferie, tel qu'il serait assimilé au taxateur, et le manque de transparence lui aurait été reproché par la Chefferie. Au départ, avec intention de canaliser les ressources fiscales et non fiscales au trésor public via le contrôle citoyen, il aurait fini par gérer certaines quittances et les recettes y afférant. Il serait ainsi tombé dans le piège de la Chefferie. En fait, le rôle de la Société civile n'est pas la gestion mais la surveillance, le contrôle.

III. Suivi et évaluation

A. Des acteurs se satisfont précocement des résultats

Certains acteurs ou partenaires au BP ont prématurément proclamé le Processus comme un succès. Pour l'initiatrice, la Banque Mondiale, « sur l'ensemble, le résultat du processus au Sud-Kivu est satisfaisant[139] ». *Laurent Essolomwa* soutient à son tour : « le projet initié par la Banque mondiale (BM) a produit des résultats très encourageants dans plusieurs communes de la province située dans l'est de la RDC[140] ». Sur d'autres sites et outils, des articles ont pullulé autour de l'intitulé « budget participatif, une réalité au Sud-Kivu »[141]. Quelle satisfaction tirerait-on d'une réforme qui n'avait qu'à peine une année d'expérimentation ? Soit de mai 2011 à octobre 2012, période à laquelle se rapportent les affirmations ci-haut. Pourtant, jusqu'en 2016, quatre ans de plus après, la population des entités pilotes n'est pas satisfaite voire même pas à 30% informés sur le rôle et les mécanismes du BP. Et au Gouverneur de province de dire avec fierté: «Vous êtes la province modèle pour le moment. Dès qu'on parle du Sud-Kivu ah, le Budget participatif ! À la Banque Mondiale, Madame peut témoigner [...]. Il ne faut pas avoir peur d'être premier de classe. Il faut au contraire craindre d'être dernier[142]. »

Pourtant, le 11 février 2015, étant dans la salle Fiesta, à Bukavu, dans la réunion d'évaluation des investissements réalisés par les ETD du Sud-Kivu, le Gouverneur Marcellin Cishambo aurait affirmé que l'argent de

---

[139] www.banquemondiale.org consulté le 09 Juillet 2014.

[140] Lire Essolomwa (Laurent) au www.congojet.com, consulté le 09 juillet 2014.

[141] C'est l'exemple d'un film documentaire « budget participatif, une réalité au Sud-Kivu ». Disponible sur le site http://lesbudgetsparticipatifs.fr/au-sud-kivu-le-sms-comme-bulletin-de-vote-au-budget-participatif/

[142] Discours d'ouverture du Gouverneur de Province du Sud-Kivu, son Excellence Monsieur Marcellin Cishambo, atelier portant conférences budgétaires des ETD du Sud-Kivu, organisé par le Ministère du Plan et Budget avec l'appui financier du Programme de Renforcement de Capacités en Gouvernance, un programme de la Banque Mondiale ; à l'hôtel Mont Kahuzi du 2 au 8 décembre 2014.

rétrocession envoyé aux ETD est très mal géré et ne concourt pas à la réalisation des investissements auxquels il est pourtant destiné. De même, le 14 février 2016, dans la salle communale d'Ibanda, au cours de la même activité, le Gouverneur aurait tenté d'obtenir des Chefs des ETD Chefferies et secteurs, que le fonds de rétrocession soit désormais transmis par la Province aux groupements qui se chargeraient alors d'exécuter les investissements à la place des chefferies et secteurs défaillants.

La réaction chaude des chefs d'ETD contre cette mesure aurait peut-être empêché le Gouverneur de Province de la mettre en œuvre. Pourtant les chefs de groupements, eux, avaient très favorablement accueilli cette nouvelle. Eux qui sont souvent surpris d'entendre leurs chefs d'ETD présenter au Gouverneur des mensonges des investissements dits être réalisés dans leurs groupements respectifs.

Un autre article totalement décalé de la réalité sur terrain titre : « Au Sud-Kivu, le Sms comme bulletin de vote au Budget participatif »[143]. Cette analyse publiée sur ce site en date du 27 janvier 2016 et qui repose sur des événements mal connus de 2011 sans en savoir la suite jusqu'à ce jour, déçoit. L'auteur devrait savoir ce qui suit : une « molécule » des habitants du Sud-Kivu avait voté via le Sms les priorités dans le cadre du BP uniquement en 2011. Il s'agit de quelques habitants d'une seule ETD sur les 27 ETD que compte la province du Sud-Kivu. L'ETD commune de Kadutu. Celle-ci aurait réalisé le score de 10,21 % comme taux de participation via SMS à

[143] http://lesbudgetsparticipatifs.fr/au-sud-kivu-le-sms-comme-bulletin-de-vote-au-budget-participatif/, un site d'information sur les budgets participatifs en France et dans le monde dont Antoine Bézard est Fondateur et rédacteur en chef. Consulté le 16/06/2016.

l'acquisition de l'information et au vote des priorités budgétaires[144].

En dehors de cette commune, aucune autre ETD n'a fait usage de l'Sms comme outil de *vote des priorités* dans le processus du BP au Sud-Kivu. En définitive, seules les ETD communes urbaines de Bagira, Ibanda et Kadutu ont fait usage de l'outil Sms dans le Processus du BP. Il s'agissait d'informer les habitants sur la date de la tenue de l'Assemblée du BP pour le vote qui se tenait dans une salle indiquée ; éventuellement sur la fin de vote et les priorités retenues (Commune d'Ibanda : Sms avant et après le vote)[145]. Bien entendu, l'ETD commune de Kadutu est allée au-delà de la simple information en y ajoutant le vote pour les citoyens qui ne se déplaceraient pas pour voter dans la salle.

L'évaluateur de la Banque Mondiale Monsieur Arch. Giovani Allegretti retient le chiffre de 22,49% en moyenne de la population des trois communes ci-haut citées ayant été informée par Sms sur le vote des priorités. Rappeler qu'après 2011, l'usage de l'Sms dans le Processus a totalement été abandonné. Il est alors curieux, étonnant, fâcheux même que Monsieur Antoine Bézard écrive, au cours de 2016 sur un événement de 2011 et qui s'est arrêté là. Au lieu de chercher un correspondant sur terrain au Sud-Kivu qui a suivi pas à pas le Processus afin d'accéder aux données actualisées ; il loue un processus qui a presque échoué.

Voyez même le film documentaire in fine qu'il propose à ses lecteurs. Cet outil visuel a été produit par 3 Tamis,

---

[144] Lire World Bank Institute, *ICT in Governance – Where are the results? How can we move to more rigorous evaluations in this field? A discussion on the example of ICT-mediated Participatory Budgeting in the DR Congo* (Arch. Giovanni Allegretti, Center for Social studies-University of Coimbra).

[145] *Idem.*

un centre de production vidéo participative de Bukavu au Sud-Kivu, sur demande de PRCG. Ce documentaire repose essentiellement sur le tout premier atelier de formation sur le B.P. en avril 2011 et la participation des certains habitants des ETD Communes d'Ibanda, Kadutu, Bagira et la Chefferie de Luhwinja au vote de priorités budgétaires, la même année. Il est irrationnel de se baser sur une séance de formation et sur quelque trois séances de vote des prévisions budgétaires, pour clamer : « Budget participatif, une réalité au Sud-Kivu », «Au Sud-Kivu, le Sms comme bulletin de vote au Budget participatif » ! Cette manière incohérente d'évaluer placerait certains acteurs dans un état de léthargie, convaincus d'avoir fait l'essentiel. Voilà que déjà en fin 2012, « sur base de ces avancées et à la demande de la société civile, la Banque mondiale commençait à étendre le programme à la ville province de Kinshasa et la province du Katanga [146] ».

Il y a crainte que la Banque mondiale implémente les lacunes du processus sur les autres provinces de la RDC. La Société civile de ces entités devrait être vigilante et prendre le devant pour identifier les faiblesses du Processus. Ces ETD devraient en outre s'assurer d'une lueur de volonté politique de la part des dirigeants pour éviter des slogans idéologiques à la place des pratiques démocratiques. L'évaluation devra reposer non plus sur les avis des acteurs étatiques et leurs bailleurs de fonds, mais sur le niveau de satisfaction des bénéficiaires, l'ensemble de la Société civile ou la population. C'est là qu'est indispensable le sondage d'opinion préconisée par Un-Habitat. En effet, « le sondage d'opinion peut également

[146] BM, « Le Budget Participatif, une expérience de bonne gouvernance financée par la Banque mondiale dans la province du Sud-Kivu », disponible sur www.banquemondiale.org, consulté le 09 juillet 2014.

servir comme instrument pour vérifier le niveau de reconnaissance du processus ainsi que sa légitimité auprès du grand public. Il y a aussi les référendums qui permettent de donner son aval pour certaines décisions particulièrement sensibles[147] ». Quelque sondage a été réalisé en 2011 par l'Institut de la Banque Mondiale. Aucun après cette année-là. L'évaluation ne devant pas concerner uniquement la population, bien qu'elle y soit l'acteur majeur, il est plausible d'entendre les autres acteurs, chaque catégorie au moyen des outils appropriés tels qu'ils permettent l'accès aux informations vraies et non influencées. Par exemple, les acteurs étatiques donneront leurs opinions sur le Processus en l'absence de leurs autorités hiérarchiques ou tutélaires. L'enquêteur ou le contrôleur devra être comme un prêtre au confessionnal, donnant à l'enquêté la chance de s'exprimer en toute confiance pour limiter la peur de son supérieur.

Tenez, en décembre 2014, Messieurs Norbert Yamba Yamba et Frank, venus de Kinshasa, en mission d'évaluation du processus de Décentralisation en RDC, sont arrivés à Bukavu, dans la salle de l'hôtel Mont Kahuzi, pendant la conférence budgétaire des ETD, exercice 2015. Ils ont demandé aux participants leur appréciation du Processus de Décentralisation en RDC tel que vécu au Sud-Kivu. Si les représentants des organisations de la Société civile se sont librement exprimés, les acteurs étatiques présents eux ont craint la présence de leur hiérarchie : les chefs d'ETD. Ils ont donné l'impression que le processus de décentralisation au

---

[147] Un-Habitat, *72 Questions courantes sur le budget participatif, Campagne mondiale sur la Gouvernance urbaine.* p.59.

Sud-Kivu évolue normalement. C'est qui est un leurre magistral.[148]

B. Plaidoyer pour la traçabilité de la Rétrocession

L'objet de cette analyse n'est pas d'élaborer un plaidoyer en bonne et due forme (ce qui suppose un travail de titan en plusieurs pages) mais éveiller la conscience des lecteurs sur la nécessité de mettre sur pied un mécanisme de traçabilité de la rétrocession sur les recettes à caractère national allouées aux ETD. Deux causes président à cette discussion. D'abord les absences répétitives de beaucoup de chefs d'ETD dans leurs Entités, en particulier des chefs de chefferies. Ensuite, la difficulté que nous avons déduite du discours du Gouverneur de sanctionner les ETD mauvaises gestionnaires. Ici, le souci est moins l'utilisation du fonds rétrocédé que l'arrivée effective du fonds dans le compte de l'ETD personne morale et sur terrain au siège de l'ETD ; et l'information y relative devant parvenir aux parties prenantes au Processus.

Dans plusieurs de nos activités liées à la promotion de la bonne gouvernance locale, nous avons souvent été inquiets des absences de beaucoup de responsables des ETD. Plus de 70% de Chefs de Chefferies passent environs 70% de leur temps en dehors de leurs

---

[148] A propos de l'évolution du Processus de Décentralisation au Sud-Kivu, nous vous renvoyons à nos publications antérieures notamment les articles : « Regard sur le Processus de décentralisation au Sud-Kivu », « Regard sur l'évolution du Processus de décentralisation au Sud-Kivu », « Processus de décentralisation au Sud-Kivu : défis d'appropriation par la base », « Processus de décentralisation au Sud-Kivu en veilleuse » in Bulletins de liaison de CRONGD, éditions n°56, n°57, n°58 et n°59.

juridictions[149]. Selon certaines opinions, l'absence des chefs d'ETD ne causerait pas problème parce qu'ils font partie de l'exécutif local dont les autres membres sont fondés à les représenter notamment le Secrétaire administratif, le comptable,... Pourtant, lors de nos descentes sur terrain, beaucoup de services tels que l'accès aux documents du budget, la nomenclature des taxes..., nous étions empêchés sous prétexte que seuls les chefs d'ETD nous autoriseraient leur accès. Et il fallait attendre jusqu'à nous lasser le jour de l'arrivée du chef. Et certains agents de l'ETD gentils nous donnaient le numéro de téléphone en nous confiant : « il est plus possible de voir le chef en ville qu'ici ».

Ces absences ont un impact négatif certain sur les finances de l'ETD. Le Gouverneur de province a su trouver des mots pour l'exprimer : « [...] ça vous évitera que les gens ne vous reprochent de prendre l'argent et de rester à Bukavu. On ne vous le dit pas mais moi je reçois des sms : notre chef, il est tout le temps à Bukavu. Il disparaît quand vient la rétrocession, quand il revient dans l'entité, il n'a plus rien en poche[150] ». De quels chefs

---

[149] J'ai obtenu ce pourcentage en considérant les résidences habituelles des chefs des chefferies, leurs absences dans leurs Entités alors qu'ils nous rendraient des services, l'occupation des fonctions politiques à Kinshasa comme à Bukavu par certains d'eux. Y ajouter les paroles du Gouverneur de Province ci-haut cité. En outre, la loi n°15/015 du 25 Août 2015 fixant le statut des chefs coutumiers, à son article 27 régit la matière des absences des chefs coutumiers dans leurs Entités. Ceci sous-entend que le législateur a remarqué ces absences et leurs impacts négatifs sur l'Administration des Entités et il y a ainsi prévus des solutions.

[150] In Discours d'ouverture du Gouverneur de Province du Sud-Kivu, son Excellence Monsieur Marcellin Cishambo, atelier portant conférences budgétaires des ETD du Sud-Kivu, organisé par le Ministère du Plan et Budget avec l'appui financier du Programme de

d'ETD parlait le Gouverneur de Province ? Sûrement qu'il les connaissait car il est censé avoir mené des enquêtes sur base de cette alerte. Mais encore, ici, pourquoi de sanctions n'ont-elles pas suivi ? Quels types de sanctions ? Pénales, économiques,…

Le Gouverneur de Province a un jour dit : « Et il faut que ça soit suivi. Et l'OD n'enverra plus de l'argent comme ça même si on téléphone de Kinshasa[151] ». Ceci sous-entend que certains Chefs d'ETD auraient recouru au trafic d'influences contre la volonté du Gouverneur de province de refuser d'autoriser de transférer l'argent de rétrocession à une ETD mauvaise gestionnaire. Selon une certaine opinion, le Gouverneur de Province n'aurait pas assez de pouvoir sur les chefs d'ETD, en particulier les chefs de chefferies. Ils traiteraient directement avec Kinshasa. Il convient de rappeler que le mandat d'un chef de chefferie est illimité. Et que donc un pouvoir politique véreux souhaiterait les apprivoiser en vue de tirer profit de leur capacité de convaincre les populations à accepter même des décisions inconvenantes.

Si les autorités provinciales étaient éprises de volonté de faire participer les citoyens à la gestion de la Chose publique, le retrait de fonds devrait être soumis non-seulement à la signature des responsables de gestionnaires des ETD mais il fallait y adjoindre celles des représentants de la Société civile. Ces derniers sont censés communiquer le montant de la rétrocession à leurs bases et prouver que le fonds est bel et bien arrivé dans l'ETD. Donc, prouver que le Chef n'est pas resté avec cet argent ailleurs. Il faudra de l'activisme dans le contrôle citoyen.

Renforcement de Capacités en Gouvernance, un programme de la Banque Mondiale ; à l'hôtel Mont Kahuzi du 2 au 8 décembre 2014.

[151] *Idem.*

CONCLUSION

La participation politique du citoyen à la gestion des affaires publiques ou simplement à la prise de décision sur les questions qui concernent sa vie est désormais une exigence de la gouvernance dite participative, présentée comme porteuse d'un développement durable et inclusif[152]. L'expérience de six ans au Budget Participatif au sein des Entités territoriales décentralisés du Sud-Kivu a suscité chez la population l'intérêt de participer au cycle du budget. Elle a en outre contribué à la réalisation de quelques investissements au sein de certaines entités.

Cependant, le Processus a été jalonné d'obstacles organisés dont l'épicentre a été la faiblesse de volonté politique à tous les niveaux de gestion de l'Etat. La plupart des responsables des Entités territoriales décentralisées n'étaient pas prêts à accepter le contrôle citoyen surtout en matière de finances. Pourtant l'on attendrait que le souhait d'une gestion participative provienne d'eux au nom du principe de volontariat cher au Budget Participatif. Mais il aurait été une illusion d'attendre la bonne gouvernance des autorités majoritairement illégitimes, fruits de nominations clientélistes, partisanes ou d'héritage réglé par la coutume ; ayant des comptes à rendre aux personnalités politiques qui ont présidé à leurs nominations, pour les unes ; aux aïeux qui ont légué à leurs descendants le pouvoir coutumier pour les autres, *des dirigeants légalement à vie*[153].

[152] République Démocratique du Congo. Ministère de l'Intérieur, Sécurité, Décentralisation et Affaires coutumières, Cellule Technique d'Appui à la Décentralisation « CTAD », *Op.cit.* p.101.

[153] Dirigeants légalement à vie (notre expression) veut dire que la loi congolaise reconnait l'autorité coutumière dont le pouvoir se transmet du père au fils.

Le Processus a ainsi manqué de réforme préalable qui se traduirait en l'organisation des élections locales toujours attendues, jamais tenues. Ces élections aboutiraient à l'avènement de nouveaux dirigeants compétents et redevables vis-à-vis de la population dont ils seraient l'émanation. Ainsi se construirait, petit à petit, la notion de viabilité humaine, évoquée par Patient Bagenda[154].

L'absence de légitimité a plongé certaines chefferies dans des luttes internes pour l'accession au pouvoir. Cette illégitimité qui inéluctablement conduit à l'habitude de gestion non participative a foulé aux pieds des pratiques élémentaires du Budget participatif dont le respect des règles de jeu, le renforcement des capacités des citoyens, la mobilisation populaire, l'élaboration de plans de développement local,…

Les causes de beaucoup d'insuccès ont existé avant et au cours du Processus. En effet, l'évaluation ex-ante du projet du Budget Participatif au Sud-Kivu réalisée en 2009 a été peu approfondie et les conclusions peu réalistes. Dans le choix des Entités territoriales décentralisées pilotes, nous sommes convaincus que les critères de démographie, de superficie et de potentialités économiques l'ont emporté sur les critères liés au Budget participatif tels que l'existence ou la possibilité d'existence de dialogue entre la Société civile et les autorités locales, la lueur d'une volonté politique des acteurs étatiques. L'évaluation à mi-parcours elle aussi, intervenue en 2011, presque au début du processus, a conclu à une réussite du Processus alors qu'elle ne portait que sur l'élaboration non aussi achevée des budgets des

---

[154] Bagenda (Patient). *Taxes, budget et développement dans les Entités décentralisées du Sud-Kivu, en 1990*, Bukavu, Editions CRONGD/SK. , 1992.

ETD pilotes, sans attendre l'exécution qui est le plus nécessaire. Les deux évaluations ci-haut citées émanaient de l'Institut de la Banque Mondiale.

L'arrêté provincial sur le Budget participatif a produit un impact très limité. Il a manqué en son sein de mécanismes clairs de transparence et de redevabilité. Il s'est limité à compter le contrôle citoyen parmi les objectifs du Budget participatif et à exiger aux gestionnaires des ETD de rendre trimestriellement compte aux citoyens de l'avancement du processus du Budget participatif. D'où, à l'avenir, la nécessité d'édicter une loi sur le droit à l'information et la mise sur pied de mécanismes de contrôle citoyen réel sur l'exécution et l'évaluation du budget. Ces mécanismes porteront sur la mobilisation sociale, le dialogue social, le suivi et rapport indépendant, la campagne et le sondage d'opinion, l'éducation à la citoyenneté, l'expertise alternative, l'audit sociétal, l'étude d'impacts et de satisfaction des bénéficiaires,...[155]

En outre, cet arrêté s'applique sur les Budgets des ETD. Le Budget de l'entité province du Sud-Kivu n'est pas participatif. A la place de l'arrêté, un édit était en vain très attendu en vue entre autres tâches étendre le mécanisme du BP au budget de l'entité Province. Ainsi, on ne verrait plus des rencontres d'élaboration ou d'évaluation des actions des ETD être préparées et exécutées par le Gouvernement provincial sans associer la Société civile. Mais en attendant, dans l'état actuel du processus, il est plausible de mettre sur pied de mécanismes consensuels de gestion participative de préparation et déroulement des

[155] Lire à ce sujet Dumas Nguebou (Jules) *Gouvernance locale et Budget Participatif*; Manuel de formation, A l'usage des animateurs des universités itinérantes citoyennes (UIC), Editions du CRDL, Yaoundé, Avril 2013, P. 37.

rencontres provinciales des ETD notamment les conférences budgétaires et les réunions d'évaluation de leurs investissements. Aussi, rendre obligatoire le partage des rapports de contrôle des réalisations des ETD, entre les autorités provinciales et la coordination provinciale de la Société civile, d'une part ; entre les autorités locales et les responsables locaux de la Société civile, d'autre part. Les ETD devront à leur tour être créatives des règles participatives de gestion.

Le budget participatif entend donner la voix aux sans voix, les richesses aux plus pauvres et marginalisés. Une étude de telles catégories sera d'impérieuse nécessité. La solidarité humaine, a dit le Père Raimondo Sommical, nous impose comme premier devoir celui de vaincre la pauvreté extrême, la faim et la sous-alimentation, la maladie, et de prendre à cet effet les mesures nécessaires en recherchant surtout celles qui contribuent à mettre les pauvres en état de sortir eux-mêmes de leur misère.[156] Il faudra donc encourager la participation de la femme au Processus, les jeunes, les personnes vivant avec handicap, les analphabètes, les habitants éloignés de centres de prise de décision, en bref, les oubliés ou les laissés pour compte.

Le Budget participatif, un outil qui permettrait aux citoyens des ETD du Sud-Kivu de participer à la gestion financière de leurs entités, a été mal appliqué. La gestion de recettes à caractère national allouées aux ETD et les recettes propres dont les taxes et impôts ont été calamiteuse dans beaucoup d'ETD. Le petit espoir naissant vers une bonne administration des biens a été vite dissipé par le manque ou la faible volonté des gestionnaires des ETD corroborée par la faiblesse de

---

[156] Lire in Archidiocèse de Bukavu, *Actes du Synode diocésain* (Noël 1900-Pâques 1992), Tome I, Editions de l'Archevêché, Septembre 1992, p. 542.

contrôle et l'impunité. À ce niveau, les responsabilités partagées entre les ETD, la Province, le Gouvernement central et la Société civile méritent des mesures urgentes axées sur la mise en œuvre de la décentralisation et la garantie d'un contrôle public préalable au contrôle citoyen et qui soutienne ce dernier.

En clair, le Gouvernement doit rendre opérationnelle la retenue à la source de 40% de recettes à caractère national. Avant tout, les montants qu'il communique aux ETD comme leurs parts de recettes à caractère national doivent être réalistes. Sur le plan de contrôle, doter les moyens de fonctionnement aux Administrateurs de territoires et aux Inspecteurs de la Territoriale et des finances afin qu'ils cessent de dépendre ou d'envier les ETD qu'ils sont pourtant censés contrôler. Le Gouvernement provincial doit désormais allouer aux ETD leurs parts de recettes de taxes d'intérêt commun. Il ne devra pas alléguer la mauvaise gestion des ETD pour confisquer leur droit.

Ainsi, il faudrait que les sanctions économiques sur les ETD atteignent les gestionnaires et non les bénéficiaires. En effet, plutôt que de priver une ETD de ses droits économiques en cas de mauvaise gestion, il aurait fallu suspendre ou révoquer ses animateurs, responsables de la mal gouvernance. En outre, le transfert de fonds de recettes à caractère national en particulier, le retrait de fonds devrait être soumis à la signature de deux responsables de la Société civile en plus des responsables des ETD. À ce sujet, suivre l'exemple du comité provincial de suivi des activités minières au Sud-Kivu[157],

---

[157] Il s'agit d'un cadre de concertation tripartite (Etat, Société civile, Secteur privé) créé en 2012, au Sud-Kivu, en vue de promouvoir le développement communautaire suite à l'exploitation des minerais dans une zone déterminée. C'est l'impact de cette exploitation minière sur les populations environnantes qui est recherché. Le CPS Sud-Kivu a mis sur pied le fonds au développement communautaire (basket

CPS, avec le mode de gestion du « basket fund » ou fonds de développement communautaire.

Au-delà des signatures, c'est en fin de compte les mécanismes de traçabilité de ce fonds que nous préconisons. En outre, il faudra éviter de donner la prime aux mauvais gestionnaires. C'est ainsi que nous prônons les sanctions de ces derniers non seulement pour les actes qu'ils commettent mais aussi revisiter leur gestion antérieure, dégager les responsabilités et les sanctionner. Ceci devant impliquer des sanctions disciplinaires, économiques comme judiciaires.

Tout au long du Processus, les interactions entre les différents organes de suivi et contrôle s'avèrent indispensables. Il y a lieu d'imaginer des actions conjointes Gouvernement provincial et Société civile provinciale et locale en vue d'obliger les responsables des ETD de respecter leurs engagements. De l'autre coté, une collaboration entre les responsables des ETD et la Société civile locale, voire provinciale exigerait des autorités provinciales le respect de leurs engagements.

Les autorités politiques et administratives doivent se soumettre aux exigences du Budget participatif fondées sur la collaboration directe avec la Société civile dans un esprit de responsabilisation sociale et de prise de décision. Cette conception du rôle de la Société civile face à l'autorité politico-administrative a été bien exprimée par le Roi marocain Muhamed VI en ces termes : « On n'attend pas de vous seulement d'exprimer vos suffrages ni de concevoir la politique comme un exercice qui dure le temps d'un scrutin [...]. Ce que l'on attend de vous, c'est

---

fund) qui est alimenté par des redevances des opérateurs miniers et qui doit servir à certains investissements au profit des habitants des milieux d'exploitation. Il faut souligner le fait que la gestion de ce fonds dont le retrait dans le compte bancaire est soumise à trois signatures, Etat, Société civile, Secteur privé.

une implication forte et constante dans l'action politique engagée, à tous les niveaux du processus démocratique et dans tous les chantiers voués au développement[158] ».

Mais il est utile pour le Processus d'être à l'abri d'emprise de la politique et revêtir son caractère essentiel de développement. Le Processus quitterait alors la sphère de discours idéologique et se fonder sur une communication tirée d'une évaluation de terrain qui serait le résultat des faits observés et la somme des avis libres et éclairés des bénéficiaires. Dans ce cheminement voire tout au long du Processus, la Société civile devra être plus dynamique, organisée et compétente qu'avant. Revoir sa structure pour renforcer sa présence et son efficacité au sein de chaque ETD demeure parmi les priorités. Elle devra être à même de mener des enquêtes cohérentes sur l'exécution des investissements dans leurs ETD respectives et produire des rapports incluant des propositions concrètes et un calendrier de leur suivi. Pour y parvenir, créer des observatoires des dépenses publiques.

Cependant, la mise en œuvre de telles recommandations dans le contexte actuel de mal gouvernance demeurerait une utopie. Faut-il arrêter le Processus et attendre l'organisation des élections locales et la mise en œuvre de la décentralisation ? L'on est tenté d'acquiescer. Mais ce serait décourager les ETD qui ont cru moyennant quelques signes extérieurs, en l'amélioration prochaine de la gouvernance via le Budget participatif. Il s'agit successivement des ETD Chefferies de Kabare, de Luhwinja, communes d'Ibanda, de Kadutu, chefferies de Kaziba et de Rubenga ; bien que dans ces

---

[158] Discours royal à la nation, ouverture de la session d'octobre du Parlement, Rabat, 13 octobre 2006. In Irene Bono, *Le phénomène participatif au Maroc à travers ses styles d'action et ses normes*, Centre d'études et de recherches internationales, Sciences Po, Les Etudes du CERI, N° 166-Juin 2010, p.15.

Entités aussi la participation se soit limitée à l'élaboration du budget.

Mais, ces six ETD représentent 1, 62 % des ETD du Sud-Kivu qui sont 27, toutes tenues au mécanisme du BP. Et en considérant la situation actuelle[159], le Processus du BP ne s'est-il pas arrêté même au sein de ces six ETD ? En effet, la population des ETD Commune de Kadutu et Chefferie de Kabare n'a plus participé à l'élaboration de leurs budgets depuis 2015 ; de même que dans la commune d'Ibanda depuis 2016 où le budget de l'exercice 2016 a été reconduit en 2017. Quelques forums participatifs subsistent dans les trois ETD restantes : Chefferies de Luhwinja, Kaziba et Rubenga. Ce qui représente 0, 81% des ETD du Sud-Kivu.

À ce stade, on se rappellerait des paroles du Gouverneur de Province du Sud-Kivu, son Excellence Marcellin Cishambo, au début du Processus : « La balle est dans notre camp ; ou nous réussissons et on laisse à notre jeunesse ce pays facile à gérer, ou nous, nous plantons où qu'on soit enterré comme nous on n'incinère pas, il y en a qui viendront nous retourner dans nos tombes pour nous demander des comptes ; puisqu'on se sera amusé avec un pays qui avait tout pour réussir…[160] ». A contrario, est-ce le Gouverneur qui n'avait pas tout pour pousser les ETD à respecter leurs engagements ?

En définitive, face à ce résultat, que faire ? Globalement, nous pouvons affirmer que le processus du BP au sein des ETD du Sud-Kivu a échoué. Nous

---

[159] 30 juin 2017.

[160] Discours d'ouverture du Gouverneur de Province du Sud-Kivu, son Excellence Monsieur Marcellin Cishambo, atelier de formation sur les finances publiques locales et le budget participatif, organisé par le Programme de Renforcement de Capacités en Gouvernance, en partenariat avec l'Institut de la Banque Mondiale, au grand séminaire de Murhesa, du 25 au 29 avril 2011.

admettons que les trois ETD qui précèdent peuvent continuer et améliorer leurs forums participatifs, au nom de l'autonomie de gestion. En même temps, nous recommandons à toute la classe politique congolaise d'organiser les élections locales et de mettre en œuvre le processus de la décentralisation pour mesurer la taille de la volonté politique susceptible de soutenir le processus du BP. Rechercher les types de gestionnaires et contrôleurs des budgets, convaincus *par eux-mêmes* que budgétisation participative signifie « démocratisation radicale de la démocratie ».

Bukavu, le 30 juin 2017

BIBLIOGRAPHIE

1. ACP, « Vulgarisation de l'arrêté sur l'institutionnalisation du budget participatif dans les ETD ». Disponible sur http://acpcongo.com, consulté le 9 juillet 2014.
2. Aksanti (Landry), « Processus de décentralisation au Sud-Kivu en veilleuse. In CRONGD Sud-Kivu, Bulletin de liaison, Édition n° 59, Bukavu, CRONGD Sud-Kivu, Janvier-Décembre 2015. P. 7-8
3. Aksanti (Landry), « Processus de décentralisation au Sud-Kivu : défis d'appropriation par la base ». In CRONGD Sud-Kivu, Bulletin de liaison, Édition n° 58, Bukavu, CRONGD Sud-Kivu, Janvier-Décembre 2014. P. 7-9
4. Aksanti (Landry), « Contrôle citoyen et budget participatif au Sud-Kivu : Réalités et Défis ». In CRONGD Sud-Kivu, Bulletin de liaison, Edition n° 59, Bukavu, CRONGD Sud-Kivu, Janvier-Décembre 2015. P.9-11
5. Aksanti (Landry), « Mauvaise gestion des taxes et impôts au Sud-Kivu. A qui profite le désordre ? » In CRONGD Sud-Kivu, Bulletin de liaison, Edition n° 56, Bukavu, CRONGD Sud-Kivu, Janvier-Décembre 2012. P. 15-16
6. Aksanti (Landry), « Problèmes majeurs de la gouvernance au Sud-Kivu. » In CRONGD Sud-Kivu, Bulletin de liaison, Edition n° 58, Bukavu, CRONGD Sud-Kivu, Janvier-Décembre 2014. P.5-7
7. Aksanti (Landry), « Regard sur l'évolution du Processus de Décentralisation au Sud-Kivu. In CRONGD Sud-Kivu, Bulletin de liaison »,

Edition n° 57, Bukavu, CRONGD Sud-Kivu, Janvier-Décembre 2013. P. 14-17

8. Aksanti (Landry), « Regard sur le Processus de Décentralisation au Sud-Kivu ». In CRONGD Sud-Kivu, Bulletin de liaison, Edition n° 56, Bukavu, CRONGD Sud-Kivu, Janvier-Décembre 2012. P. 18-19
9. Archidiocèse de Bukavu, *Actes du Synode diocésain* (Noël 1900-Pâques 1992), Tome I, Editions de l'Archevêché, septembre 1992.
10. Assemblée Provinciale du Sud-Kivu, Rapport d'audition par la commission permanente politique, administrative et judiciaire, PAJ, Dossier de la commune de Bagira, novembre 2014 ; transmis au Président de l'Assemblée provinciale du Sud-Kivu par la lettre N° 03/ASSPRO-SK/CPAJ/11/2014 du 27 novembre/2014, signé par le Président de la PAJ, Honorable Théophile HABAMUNGU MIRINDI.
11. Bagenda (Patient), *Taxes, budget et développement dans les Entités décentralisées du Sud-Kivu, en 1990*, Editions CRONGD/SK. , 1992
12. Banque mondiale, « La Banque mondiale et la Société civile »
13. http://web.worldbank.org/WBSITE/EXTERNAL/ACCUEILEXTN/EXTTOPICSFRENCH/EXTCSOFRENCH/0,,contentMDK:20511379~pagePK:220503~piPK:264336~theSitePK:1153825,00.html, consulté le 04/05/2017
14. Banque mondiale, « Le Budget Participatif, une expérience de bonne gouvernance financée par la Banque mondiale dans la province du Sud-Kivu », disponible sur

15. www.banquemondiale.org, consulté le 9 juillet 2014.
16. Irene Bono, *Le phénomène participatif au Marocà travers ses styles d'action et ses normes*, Centre d'études et de recherches internationales, Sciences Po, Les Études du CERI, N° 166-Juin 2010.
17. Bucyalimwe Maroro (Stanislas), *La Société civile du Kivu, une dynamique en panne ?* Anvers, mai 1999
18. Center for global, international and regional studies, "The uncertain relationship between transparency and accountability" par Fox, Jonhatan A. Trouvé sur
19. http://escholarship.org/uc/item/8c25c3z4, consulté le 12 juin 2016.
20. Cirhuza Rhuhunemungu, Vianney, Le Budget participatif, sa nature et son régime juridique ainsi que sa mise en œuvre en RDC : Cas des ETD au Sud-Kivu, mémoire, inédit, UOB, année académique 2014-2015.
21. Congo synthèse, "Muzito : la RDC, un Etat sans province », disponible sur http://www.congo synthese.com/news_reader.aspx?Id=10696#16 wl73XjsFXJrYIU.99, consulté le 4 avril/2016
22. Correspondance n° 059/CAB/MIN/FIN-ECO-COMM-INDU/SK/2014 du 7 mai 2014, du Ministre des Finances, de l'Economie, du Commerce et de l'Industrie, adressée aux Chefs des Entités territoriales décentralisées de la Province du Sud-Kivu. Concerne : Établissement du plan de trésorerie mensuelle.
23. CRONGD Sud-Kivu, Atelier de formation sur les techniques et outils de surveillance des

dépenses publiques par les citoyens, module de formation, Bukavu 10 novembre 2010. (Exposés de Gustave Bafakulera Mubira et Me Landry Aksanti Kanyurhi).

24. Dumas Nguebou (Jules), *Cours de base fiscale du budget participatif, finances publiques et mobilisation sociale. Module 4: le budget Participatif*, Université de Yaoundé 2, Centre de gouvernance participative.
25. Dumas Nguebou (Jules), *Manuel de formation, A l'usage des animateurs des universités itinérantes citoyennes (UIC),* Editions du CRDL, Yaoundé, *Gouvernance locale et Budget Participatif ;* Avril 2013.
26. ELLA (Evidence and lessons from Latin America); "Participatory budgeting: citizen participation for better public policies" Disponible sur
27. http://ella.practicalaction.org/wpcontent/uploads/files/130516_CitPar_GOV_GUIDE.pdf. Consulté en février 2016
28. Enda, « Développement durable : où en sommes-nous ? » rapport annuel 2012. Disponible sur http://endatiersmonde.org, Consulté le 23 mars 2015.
29. Femme au Fone, « Woman on the Phone: Denunciation, information and political advocacy », disponible sur www.femmeaufone.net, consulté le 12 Novembre 2016
30. Frères des hommes : *Les Budgets Participatifs, dossier thématique trimestriel*, juin 2006
31. Héritiers de la Justice, *Modules du formateur des formateurs en droits humains, paix, démocratie, participation citoyenne et*

protection de l'environnement, Bukavu, décembre 2007.
32. La Communauté Française de Belgique, *Droits humains fondamentaux, Recueil des documents internationaux et nationaux,* Bruxelles, 1993.
33. lesbudgetsparticipatifs.fr, « Au Sud-Kivu, le SMS comme bulletin de vote au budget participatif », disponible sur
34. http://lesbudgetsparticipatifs.fr/au-sud-kivu-le-sms-comme-bulletin-de-vote-au-budget-participatif/. Consulté le 16 juin 2016
35. Lettre n° 5072/14/E.421/NGW/2014 du 30 janvier 2014 de la Chefferie de Ngweshe, adressée à Monsieur Kahasha Nshombo Ghislain, Président de la Société civile, Noyau Territorial de Walungu ; signée par vingt personnes membres du Conseil administratif élargi de la Chefferie de Ngweshe.
36. Lettre n° 01/101/CAB/GOUPRO-SK/2014, du Gouverneur de Province, adressée au ministre provincial Plan et Budget avec copie aux ETD. Objet : Rapport sur l'utilisation des Rétrocessions par les ETD.
37. Lettre n° 088/BTSC-WGU/12-2013 du 30 décembre 2013 de la Coordination du bureau territorial de la Société civile de Walungu, adressée à Sa Majesté Mwami Chef de Chefferie de Ngweshe et portant objet « Crise de la Gouvernance Administrative », signée par vingt-quatre personnes dont les membres du Bureau Territorial de la Société civile de Walungu et ses représentants dans les 16 groupements.

38. Mbera Rukamirwa (Emmy), *Étude de faisabilité du Budget participatif dans la province du Sud-Kivu,* Université d'Auvergne, Institut de la Banque Mondiale, Gouvernance et Innovation, octobre 2009.
39. MONUSCO, « Données déclaratives des organisations de la Société civile de la République Démocratique du Congo, consolidées depuis 2008 », http://monusco.unmissions.org, consulté le 06/08/2014.
40. MONUSCO, « Support aux organisations de la Société civile »,
41. http://monusco.unmissions.org. Consulté le 6 août 2014.
42. Murhula Batumike (Paterne), « Institutionnaliser le Budget participatif sans décentraliser : une pratique dichotomique au Sud-Kivu ? », in KAS African Law Study Library – Librairie Africaine d'Etudes Juridiques 1 (2014http://www.nomos-elibrary.de/10.5771/2363-6262_2014_3_495/institutionnaliser-le-budget-participatif-sans-decentraliser-une-pratique-dichotomique-au-sud-kivu-jahrgang-1-2014-heft-3?hitid=0 ,). Consulté le 4 juin 2016
43. Note Explicative du contrôleur Budgétaire de la Commune de Bagira contre la malversation financière du Ressort ; n° 31.401/167 DIVIBUDGET-DIVIBUDGET-SK/2014 du 21 novembre/2014, adressée au Ministre Provincial du Plan et Budget du Sud-Kivu, signé par le Chef de division provinciale du

budget Sud-Kivu, Monsieur Donatien Civava Cishagala.
44. Onu-Habitat, *72 Questions courantes sur le budget participatif, Campagne mondiale sur la Gouvernance urbaine.*
45. Onu-Habitat, Enda TM, *Manuel du Budget Participatif en Afrique Francophone.* Vol I, *Concepts et Principes.*
46. PIL, Bulambo-wa-Tombo Y'ileke (Sosthène), (Coordonnateur de l'asbl PIL), *Problématique des impôts et taxes dans les Entités territoriales décentralisées du territoire de Mwenga. Cas des chefferies des Basile et de Wamuzimu en Province du Sud-Kivu, République Démocratique du Congo*, 2ème version ; Synthèse de l'étude pour servir d'exposé.
47. PRCG/BM, « budget participatif, une réalité au Sud-Kivu », film documentaire. Disponible sur http://lesbudgetsparticipatifs.fr/au-sud-kivu-le-sms-comme-bulletin-de-vote-au-budget-participatif/. Consulté le 16 juin 2016.
48. Radjabu (Abias), « Où va le gros du budget de la Province du Sud-Kivu ? », in CRONGD Sud-Kivu, Bulletin de liaison, Edition n° 58, Seizième année, Bukavu, CRONGD Sud-Kivu, Janvier-Décembre 2014, p. 2-5.
49. Rapport de Réalisations des investissements par l'ETD NGWESHE ; signé à Walungu le 9 février 2015, par Mwami NGWESHE-XI WEZA-III Pierre J-M.J.NDATABAYE-MUHIGIRWA, et présenté à Bukavu, dans la réunion du 11 février 2015 sous le haut patronage de son Excellence Monsieur le

Gouverneur de Province Marcellin Cishambo Ruhoya.
50. République Démocratique du Congo, Ministère de la décentralisation et aménagement du territoire, Cellule Technique d'Appui à la Décentralisation « CTAD », *La décentralisation en bref*, mai 2013.
51. République Démocratique du Congo, Ministère de la décentralisation et aménagement du territoire, Cellule Technique d'Appui à la Décentralisation « CTAD », *Recueil des textes légaux et réglementaires sur la décentralisation en République Démocratique du Congo*, Vol. I, Kinshasa, juillet 2008.
52. Sintomer (Yves), « Budget participatif à Paris : et ailleurs, ça marche comment ? »
53. http://www.terraeco.net/Budget-participatif-a-Paris-et,55798.html, consulté le 4 septembre 2014.
54. UCLGA, « Programme Budget participatif de CGLUA, Appel à manifestation d'intérêt ». Disponible sur
55. http://www.africites.org/sites/default/files/misc/africites/2_pm_03_-_budget_participatif_-ami.pdf, consulté le 14 mai 2015
56. World Bank Institute, *ICT in Governance – Where are the results? How can we move to more rigorous evaluations in this field? A discussion on the example of ICT-mediated Participatory Budgeting in the DR Congo* (Arch. Giovanni Allegretti, Center for Social studies-University of Coimbra)

57. YALI (Young African Leaders Initiative), "The Civil society Forum at U.S.-Africa Leaders Summit", Disponible sur https://yali.state.gov/the-civil-society-forum-at-the-u-s-africa-leaders-summit/, consulté le 31 décembre 2014.

TABLE DES MATIERES

Politique

aux éditions L'Harmattan

Dernières parutions

RÉFORMER L'ADMINISTRATION ET RÉFORMER L'ÉTAT
Jalons historiques et juridiques
Sous la direction de Sébastien Evrard
Le thème de la réforme est un élément permanent du discours politique et un enjeu essentiel du débat démocratique : ceux qui n'ont pas le pouvoir en font un objectif de leur programme qui justifie leur combat ; ceux qui détiennent l'autorité prônent la réforme et le changement pour justifier leur maintien au pouvoir. Ces contributions traitent des réformes dans le temps et l'espace, réformes rêvées, réformes tentées, inachevées ou réussies de la République romaine aux Révolutions arabes d'aujourd'hui.
(Coll. Questions contemporaines, 26.00 euros, 252 p.)
ISBN : 978-2-343-05789-7, ISBN EBOOK : 978-2-336-37445-1

LE TOURNANT ENVIRONNEMENTAL DE LA POLITIQUE AGRICOLE COMMUNE
Débats et coalitions en France, en Hongrie et au Royaume-Uni
Ansaloni Matthieu
Après avoir retracé, à l'échelle européenne, la définition des mesures agroenvironnementales, l'auteur compare les politiques agroenvironnementales menées dans différents pays d'Europe. L'analyse suggérée repose sur une vaste enquête empirique, conjuguant les méthodes sociologiques et ethnographiques. Cet ouvrage propose une lecture originale d'une politique européenne : il considère ses changements aux échelles européenne, nationale et régionale et les analyse à travers l'examen des débats publics qui les ont générés.
(Coll. Logiques politiques, 37.50 euros, 372 p.)
ISBN : 978-2-343-05906-8, ISBN EBOOK : 978-2-336-37403-1

RENAÎTRE, OU DISPARAÎTRE
Borel Félicien
L'auteur approfondit ici quelques idées sur des sujets majeurs. La nature qui nous entoure est notre seul habitat. Il est important de réfléchir sur les périls qui la menacent. Les responsables qui conduisent leur pays arrivent à des carrefours où il faut choisir les bonnes voies. Il convient aussi de préparer l'avenir par une éducation appropriée et de nous préoccuper de notre langue. Notre civilisation se trouve aujourd'hui face à un avenir incertain : elle peut renaître ou risquera de disparaître.
(Coll. Questions contemporaines, 30.00 euros, 300 p.)
ISBN : 978-2-343-04388-3, ISBN EBOOK : 978-2-336-36094-2

NATION (LA) OU LE CHAOS
Manifeste pour le renouveau
Myard Jacques
Notre pays est-il condamné à voir croître jour après jour le nombre de chômeurs et de ceux qui partent tenter ailleurs leur chance ? Jusqu'à quand acceptera-t-il de laisser à Bruxelles et à l'Amérique le soin de décider à sa place ? Faut-il jeter la Nation aux orties ? L'auteur démasque derrière les maux de la France les renoncements, les pièges et les chimères, qui, de l'euro à la repentance, lacèrent notre pacte social. Il appelle à un renouveau qui partira d'une nation fière et confiante en ses atouts.
(16.50 euros, 160 p.)
ISBN : 978-2-343-04846-8, ISBN EBOOK : 978-2-336-36251-9

DE LA COLÈRE EN L'OCCIDENT FANTÔME
Essai
Teixeira Vincent
L'Occident n'a cessé de bruire de colères, masquant sa volonté de puissance sous la bannière de «la civilisation». Mais son devenir récent inquiète, tant la domination techno-industrielle, l'hyperconsommation, la religion du progrès s'avèrent aussi aventureuses qu'empoisonnées. Aux mutilations de la planète s'ajoutent la domestication des esprits. La colère ne devrait-elle pas renouer avec les pouvoirs de la parole, comme contre-poison et refus de consommer le monde ?
(12.00 euros, 106 p.)
ISBN : 978-2-343-04859-8, ISBN EBOOK : 978-2-336-36192-5

CONTRAT (LE) CITOYEN
Essai sur la réduction des inégalités politiques et socio-économiques pour un monde meilleur
Diouf Lamine Diack
L'auteur préconise la mise en œuvre à l'échelle planétaire d'une politique de concertation et de collaboration entre les peuples pour mettre en place des solutions justes et durables. Seuls les citoyens peuvent ressusciter le droit, la vertu et la solidarité. Ce livre, en plus de rafraîchir la mémoire en revisitant l'histoire de la République de l'Antiquité à nos jours ainsi que les textes des grands penseurs, est fondateur du XXIe siècle et utile pour un futur meilleur.
(24.00 euros, 240 p.)
ISBN : 978-2-296-99887-2, ISBN EBOOK : 978-2-336-36026-3

MISÈRE DE LA DÉMOCRATIE
Pour une réingénierie de la politique
Cognard Alain
Après un siècle de guerres planétaires, un siècle de pillage et d'escroquerie prend racine. Comment les peuples pourront-ils reprendre la main et retrouver un intérêt commun dans la poursuite d'une aventure humaine devenue si fragile ? La réponse tient dans le développement spectaculaire des compétences des individus et des groupes qui peuvent aujourd'hui commencer une réingénierie de la politique et évincer ceux qui profitent du système au lieu de le réformer.
(Coll. Questions contemporaines, 24.00 euros, 230 p.)
ISBN : 978-2-343-04171-1, ISBN EBOOK : 978-2-336-36126-0

C'ÉTAIT LA DÉMOCRATIE

Anthologie commentée de textes sur la démocratie antique, ses réussites et ses dérives

Ségur Philippe

Voici une présentation attractive et commentée de la démocratie athénienne à travers les textes d'historiens, de philosophes, d'orateurs, de tragédiens, de poètes comiques de l'Antiquité : Eschyle, Sophocle, Euripide, Aristophane, Hérodote, Thucydide, Platon, Isocrate, Aristote, Eschine, Démosthène. On comprend combien leur approche de la politique était moderne et à quel point certaines difficultés de l'époque sont proches de celles que nous connaissons aujourd'hui.

(Coll. Logiques Juridiques, 14.00 euros, 140 p.)

ISBN : 978-2-343-04441-5, ISBN EBOOK : 978-2-336-35984-7

POUVOIRS, IMPOSTURES

Du mensonge à l'encontre des peuples

Péruisset-Fache Nicole

Afin d'accepter sa condition, notre espèce a, au cours de sa longue histoire, eu recours aux dieux censés gouverner les affaires humaines. Néanmoins, au fil du temps et des progrès techniques et scientifiques, des substituts matériels tels que l'argent, la consommation, et l'omniprésence des médias de masse les ont remplacés. Recours aux dieux ou à des substituts sont sous-tendus par les pratiques d'imposture des puissants à l'encontre des peuples. Ce sont ces pratiques des puissants que cette analyse tente de mettre en lumière pour, si possible, permettre de les déjouer.

(Coll. Questions contemporaines, 22.00 euros, 224 p.)

ISBN : 978-2-343-04788-1, ISBN EBOOK : 978-2-336-36091-1

MER (LA) ROUGE OU L'ÉPREUVE DU DEUX

Ramond Michèle

Le monde actuel nous alarme par ses divisions intolérables et criminelles. Injustices, inégalités, sexisme, misogynie, homophobie, haine de l'autre, meurtres et guerres tous azimuts imposent jour après jour le fantôme d'un Dieu Deux terrifiant et cruel. Cet essai examine l'état divisé de notre société mais il s'efforce aussi de trouver des remèdes à ses maux : dans ces moments de grâce il rencontre les propositions de la littérature et il se transforme parfois en une rencontre amoureuse sur les bords de la Mer Rouge.

(Coll. Créations au féminin, 16.50 euros, 168 p.)

ISBN : 978-2-343-04738-6, ISBN EBOOK : 978-2-336-36183-3

DES ÉTATS *DE FACTO*

Abkhazie, Somaliland, République turque de Chypre nord...

Bonnot Maurice

Anomalies du système international, les États de facto, autoproclamés, non reconnus, existent malgré le vide juridique dans lequel ils sont relégués, tels l'Abkhazie, le Haut-Karabagh, le Kossovo, l'Ossétie du Sud, la République turque de Chypre nord, la Transnistrie, la RASD (République Arabe Sahraouie Démocratique). Nombre de leurs aspects sont d'une normalité avérée, loin des

clichés de terres laissées à l'anarchie que certains se plaisent à opposer aux États souverains, ordonnés et stables.
(27.00 euros, 264 p.)
ISBN : 978-2-343-04074-5, ISBN EBOOK : 978-2-336-36121-5

PEUPLES AUTOCHTONES ET INDUSTRIES EXTRACTIVES
Mettre en œuvre le consentement, libre, préalable, informé
Sous la direction de Cathal Doyle et Jill Carino.
Trois organisations britanniques de la société civile ont établi, avec des représentants autochtones, un consortium pour le développement d'un projet visant à rendre effectif, dans l'industrie minière, le consentement préalable, libre et informé (FPIC en anglais, CPLI en français). Le présent rapport doit servir de base pour le dialogue. Il comprend à la fois des éléments de droits, le point de vue des autochtones, des études de cas aux Philippines, Canada, Panama et identifie les principaux enjeux et perspectives.
(Coédition GITPA / IWGIA France, Coll. Questions autochtones, 20.00 euros, 186 p.)
ISBN : 978-2-343-04698-3, ISBN EBOOK : 978-2-336-35993-9

OCÉAN ALERTE ROUGE
Chroniques d'un désastre annoncé
de Pompignan Nathalie, Albanel Constance – Préface de Bertrand de Lesquen
L'océan occupe 70% de la surface de notre planète. Vaste, on le croit indestructible. Il ne l'est pas. Désormais nous le savons, sa santé est en péril : immenses zones marines mortes, continent de plastique, disparition de récifs coralliens... A partir de données scientifiques et d'études reconnues, ce livre dresse un état des lieux des menaces, des risques et des actions collectives en cours sur le sujet.
(26.00 euros, 258 p.)
ISBN : 978-2-343-03817-9, ISBN EBOOK : 978-2-336-35675-4

FIN (LA) DU CAPITAL
Pour une société d'émancipation humaine
Prone André – Préface de Samir Amin
L'interventionnisme militaire, l'accaparement par les grandes puissances internationales des terres et des ressources des pays tiers, la montée des néofascismes, la profondeur de la crise généralisée, tout cela mène l'auteur à faire l'hypothèse de la fin du capital et de l'imminence d'une nouvelle phase historique. A partir de cette probabilité signifiante, il approfondit la matrice écomuniste dans le prolongement de la pensée marxienne, tout en recherchant le meilleur moyen d'ouvrir la voie à une société d'émancipation humaine.
(Coll. Questions contemporaines, 15.00 euros, 154 p.)
ISBN : 978-2-343-03950-3, ISBN EBOOK : 978-2-336-35369-2

L'HARMATTAN ITALIA
Via Degli Artisti 15; 10124 Torino
harmattan.italia@gmail.com

L'HARMATTAN HONGRIE
Könyvesbolt ; Kossuth L. u. 14-16
1053 Budapest

L'HARMATTAN KINSHASA
185, avenue Nyangwe
Commune de Lingwala
Kinshasa, R.D. Congo
(00243) 998697603 ou (00243) 999229662

L'HARMATTAN CONGO
67, av. E. P. Lumumba
Bât. – Congo Pharmacie (Bib. Nat.)
BP2874 Brazzaville
harmattan.congo@yahoo.fr

L'HARMATTAN GUINÉE
Almamya Rue KA 028, en face
du restaurant Le Cèdre
OKB agency BP 3470 Conakry
(00224) 657 20 85 08 / 664 28 91 96
harmattanguinee@yahoo.fr

L'HARMATTAN MALI
Rue 73, Porte 536, Niamakoro,
Cité Unicef, Bamako
Tél. 00 (223) 20205724 / +(223) 76378082
poudiougopaul@yahoo.fr
pp.harmattan@gmail.com

L'HARMATTAN CAMEROUN
TSINGA/FECAFOOT
BP 11486 Yaoundé
699198028/675441949
harmattancam@yahoo.com

L'HARMATTAN CÔTE D'IVOIRE
Résidence Karl / cité des arts
Abidjan-Cocody 03 BP 1588 Abidjan 03
(00225) 05 77 87 31
etien_nda@yahoo.fr

L'HARMATTAN BURKINA
Penou Achille Some
Ouagadougou
(+226) 70 26 88 27

L'HARMATTAN SÉNÉGAL
10 VDN en face Mermoz, après le pont de Fann
BP 45034 Dakar Fann
33 825 98 58 / 33 860 9858
senharmattan@gmail.com / senlibraire@gmail.com
www.harmattansenegal.com

www.ingramcontent.com/pod-product-compliance
Lightning Source LLC
LaVergne TN
LVHW010022081026
849535LV00016B/2793